上：**ボストン茶会事件**　一七七三年、イギリス領北米植民地ボストン港でおきた事件。東インド会社の輸入した茶葉を独立急進派が海に投げ落として、アメリカ独立革命の端緒となった。アフロ提供

左：**ペンシルヴェニア州議事堂**　北西からの景観。インディペンデンス＝ホールとして知られている。

独立宣言の採択　中央に立つ５人のうち，一番右がフランクリン，その左がジェファソン。ジョン＝トランブル筆。アメリカ合衆国議会議事堂蔵。アフロ提供

王党派をリンチにかけ，気勢をあげる愛国派の人びと

新・人と歴史 拡大版 23

アメリカ独立の光と翳

今津晃 著

SHIMIZUSHOIN

本書は「人と歴史」シリーズ（編集委員　小葉田淳、沼田次郎、井上智勇、堀米庸三、田村実造、護雅夫）の『アメリカ独立の光と翳』として一九七六年に、「清水新書」の『アメリカ独立の光と翳』として一九八四年に刊行したものに表記や仮名遣い等一部を改めて復刊したものです。

目次

V ジョーゼフ＝ギャロウェイ——執念に生きた王党派

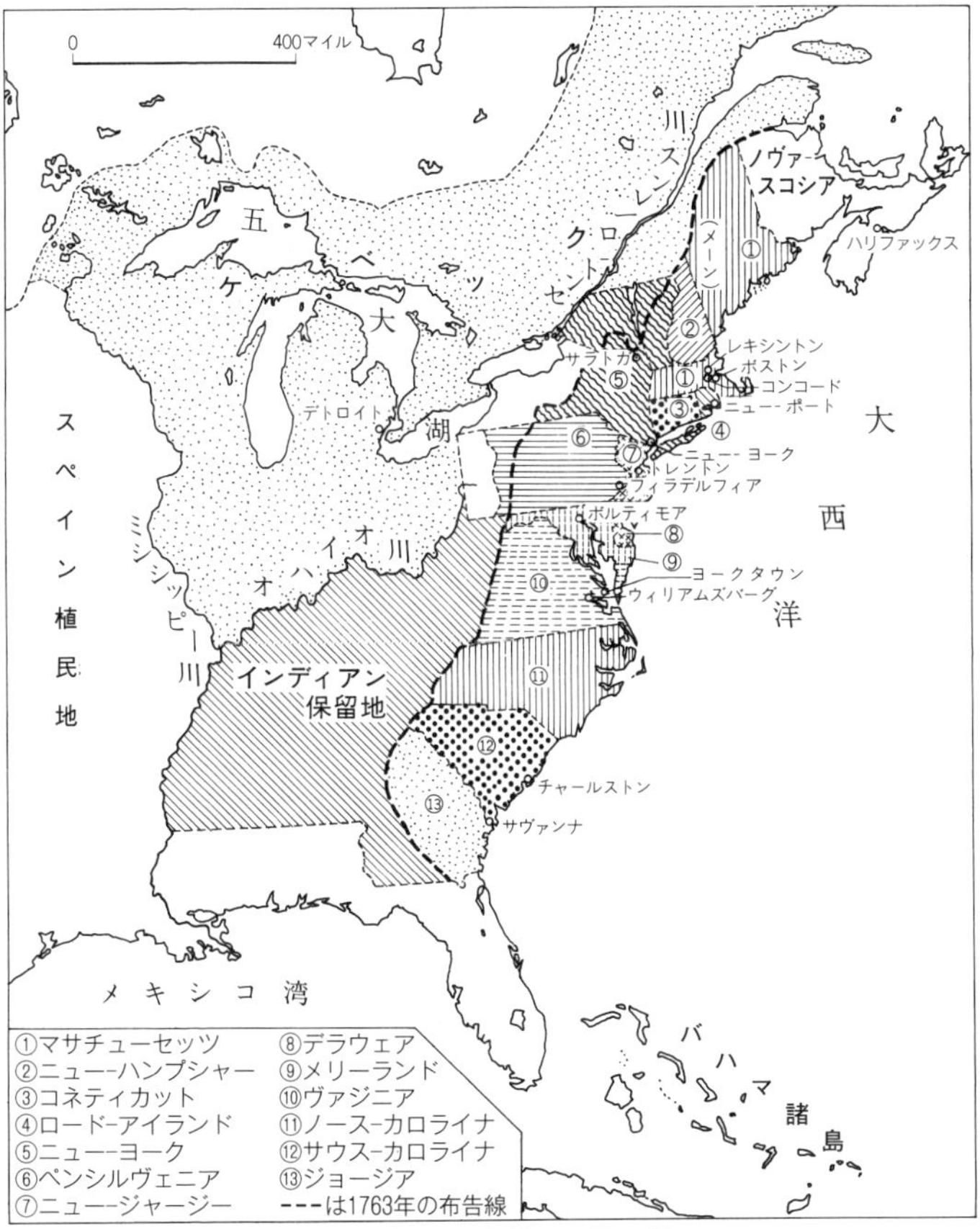

独立戦争勃発直前一三植民地

プロローグ――独立は宣言された！

❖独立宣言へ向けて

一七七六年七月二日――この日は、レキシントン‐コンコードでの銃声を合図に英帝国が内乱に突入してから、四四〇日目に当たっていた。内乱は一日また一日と泥沼化し、もうこんなに多くの月日がたってしまった。さすればこそ、昨日から今日にかけては、独立宣言が断固決定されるべき時なのであった。

　植民地独立への声は、七六年にはいってから急激に高まってきた。一月には、トマス＝ペインが『コモン‐センス』を公刊してセンセーションをまき起こし、二月には、イギリス国王による外国兵の雇用がアメリカ側を刺激し、四月初旬には、フィラデルフィアで開催中の大陸会議《コンティネンタル・コングレス》が従来のボイコットという抵抗方式を捨てて、港を世界に開放した。

　この港の開放という方策は、すこぶる重大な意義を持っていた。一〇年以上もまえから、一三植民地はイギリス製品不輸入協定を盾《たて》として、本国との妥協を考えてきた。なぜなら本国国会はこれまで、植民地側のボイコットで打撃を受けた国内商工業者の反発にあい、いくつかの植民地統制法を撤廃したからである。それゆえ反英運動の初期の段階では、ボイコットも効果的な抵抗方法であった。しかしすでに武力闘争へ突入した晩において、もはやボイコットは有効ではない。事実、七四年結成の対本国通商断絶同盟《コンティネンタル・アソシエイション》によっても、その年の強圧的諸条例《コウアシヴ・アクツ》は撤廃されていない。それは、当時スペイン、ロシアおよびトルコに新市場が開かれたため、一三植民地の対本国通商断絶同盟がイギリス商工業者に苦痛とならなかったからである。

　とすれば別個の方法で、すなわち戦争を行うことによって、あるいは戦争を続ける決意がある旨を示すことによって、一三植民地は本国に譲歩させるのでなければならない。そうであれば、従来の抵抗方法はかえって障害となる。けだし、ボイコットによって戦争の準備ははばまれるからである。戦争を続けるには、それに見合うだけの軍需品が必要である。それには、外国に援助を求めるほかはない。だからまずボイコットを放棄し、港を世界に開放しなければならない。と同時に、大義名分のうえでは「イギリス臣民」としてでなく、「自由な人民《フリー・ピープル》」であることを公言しなければならぬ。イギリス臣民を口にする以上は、国王から「反逆者《レブルズ》」と呼ばれても致し方なく、大義名分上、「反逆者」に全面的援助を与える国はないからである。とすれば、独立を宣言する以外に方法はない。こうして、大陸会議が港を世界に開放したのは、独立宣言に向かっての大きな前進なのであった。

❖運命の七月二日

以上に見たような状況のなかで、七六年四月中旬には、まずノース=カロライナ協議会《コンヴェンション》がその大陸会議代表に独立宣言賛成投票の権限を与え、五月中旬のヴァジニアでは、新政府建設の意図を持った「五月決議案」が可決され、六月上旬には、ヴァジニア代表リチャード=H=リーが「独立の決議」を提出し、中旬には、大陸会議のなかに独立宣言書起草委員会が設けられて、月末の二八日には最終案が提出された。そしてついに、月が改まった。

トマス=ジェファソン　独立宣言書の起草者

七月一日、この日はひどい暑さであった。大陸会議のなかの独立決議委員会はリー案への賛否を各植民地代表にはかったが、ペンシルヴェニアとサウス=カロライナはこれに反対し、デラウェアでは票が分かれた。またニュー=ヨーク代表は、同地議会によって初めから投票権を与えられていなかった。つまり、九つの植民地が独立に賛成したが、二つの植民地は反対であり、他の二つでは無効であった。大勢は独立へと傾いていたものの、満場一致の宣言は容易な業《わざ》ではなかったのである。

七月二日が来た。今日は昨日のような委員会ではなく、正式の総会で独立可否を決定し、ジェファソンが起草し若干の修正をほどこされた独立宣言書の内容と形式とを討議することになっていた。この日は朝からどしゃ降りの雨で、フィラデルフィア市中の街路樹は重々しげに枝葉をたれ、議場に向かう代表たちの馬車にかぶさってきた。

投票は各植民地ごと、北から順に始められた。議長のジョン＝ハンコックを正面に、書記のチャールズ＝トムソンがまず「ニュー－ハンプシャー植民地」と呼んだ。第一番目の投票者ジョサイア＝バートレットが立ち上がり、「賛成」といった。結局、ニュー－ハンプシャー代表三名は独立に同意した。続いてマサチューセッツ、ロード－アイランド、コネティカットの各代表が独立に同意した。二名しか出席しなかったニュー－ヨーク代表は、前日と同様に棄権した。ニュー－ヨークでは、議会が独立宣言書を承認したのは七月九日であり、しかも、その知らせは一五日まで大陸会議に届かなかった。

隣りのニュー－ジャージーは賛成であった。そしてペンシルヴェニアの番となった。独立宣言の決定を予想して、二人の有力代表がわざと欠席したにもかかわらず、ここは難航した。フランクリンは従来どおり独立に賛成した。チャールズ＝ハンフリーは反対した。フランクリンの助言もあって、独立への長いためらいから解放されたジェームズ＝ウィルソンは、賛成に投じた。ついで、トマス＝ウィリングは反対であった。これで二対二となった。昨日ペンシルヴェニア代表のまとまった意見が独立反対であったことを思いだして、一同がカタズをのんだ。ジョン＝モートンの番であった。もともと独立が時期尚早だと思っていた彼ではあったが、頭のなかが一杯で、どうしてよいかわからなかった。ついに彼は立ち上がった。そして「賛成」といった。

その瞬間、どよめきが起こった。独立への潮流が急激に高まった。デラウェアは三人目の代表がこの朝到着したため、一対一という昨日の決定をくつがえした。メリーランドも独立賛成であった。ジェファソンやリチャード＝H＝リーを含むヴァジニア代表七名は、もちろん同意した。ノース-カロライナも、そして昨日は反対であったサウス-カロライナも、その後を追った。ジョージアは初めから賛成であった。アメリカ独立宣言が満場一致であったということの真相は、以上のようであったのである。投票の初めにトムソンは「ニュー-ハンプシャー植民地」と呼んだが、もはやアメリカは一三植民地ではなく、一三の邦《ステイツ》の連合体であった。投票が終わった瞬間から、イギリスは、植民地ではなくて連合した邦と戦わなければならなくなった。独立宣言書、正式には「アメリカ一三連合邦の満場一致の宣言」は七月四日に確認され、八日にはフィラデルフィア市民に正式に発表された。

❖急進派の勝利

以上が、アメリカ独立宣言の光景である。満場一致とはいいながら、大陸会議代表のなかに、いかに意見や態度の相違があったかが想像されよう。独立宣言書の起草自体が、内部の不一致を物語っている。確かにそれは、アメリカの主張の正しさを「公正な世界」に示し、イギリス軍および植民地王党派《ロイヤリスト》（独立反対派）との対決の姿勢をはっきりさせるためであった。と同時にそれは、いまなお独立に無関心か、あるいは独立をためらっている人々を啓蒙し、愛国派《ペイトリアト》（独立派）の勢力を拡大し結集しようとする意図を持っていたのである。

それでは、英帝国が内乱に突入してから十数か月を経過して、どのような不一致が大陸会議のなかに存在していたのであろうか。直接的には、いつかは必至である独立宣言の時期をめぐってであり、より根底的には、今後あるべき内部秩序や大陸膨脹のヴィジョンをめぐってであった。

確かに、外国からの援助の必要を認めた点では、大陸会議代表たちは一致していた。だが、外国からの援助と独立の宣言とのどちらを先にするかが、問題とされたのである。一つのグループは、ヨーロッパ大陸諸国からの援助が確実でないのに独立を宣言するのは危険だ、と主張した。対英強硬論をもって知られた、第二回大陸会議初期のヴァジニア代表パトリック＝ヘ

アメリカ独立に至る国際関係　アメリカはイギリスから身を守るため、フランス（左端）に助けを求める。イギリスはスペイン（右端）の攻撃にさらされている。

ンリーでさえ、問題は慎重を要するといった。独立を宣言するまえにフランスやスペインの意向を打診すべきだ、というのがヘンリーの考えであった。ペンシルヴェニア代表ジョン＝ディキンソンにいたっては、いつかは独立をしなければならないものの、いまは時期尚早だとする持論を頑として譲らなかった。七月二日の会議で一同にカタズをのませたジョン＝モートンは、ディキンソンの親友だったのである。

ところが、マサチューセッツ代表サミュエル＝アダムズを筆頭とするグループは、反対側に立った。アメリカが独立を宣言すれば、イギリスの宿敵フランスは必ずアメリカを支持するだろう。独立宣言が遅れれば、ヨーロッパ大陸諸国による反英連合結成の見込みは駄目になってしまう。フランスやスペインと公式の同盟を結ぶには一年かかるだろう。その間に、イギリスは巧妙な外交でもって、アメリカとヨーロッパ大陸諸国との間にくさびを打ち込んでくるだろう。それどころか、フランスやスペインがイギリスを支持し、アメリカ分割という約定で反乱を粉砕する危険がある。だから、いまこそ独立宣言の時だ、というのであった。

しかもなお、大陸会議の保守派のなかには、独立の宣言より以上に外国との同盟を恐れる者がいた。外国と軍事同盟を結ぶことは、英帝国を維持し改造しようとするいっさいの希望を放棄させるばかりでなく、本国に戦争をいどむことであり、永久に和解を不可能にしてしまう。それだけでなく、諸外国の連合のまえに、おそらくイギリスは敗北し、フランスやスペインに君臨するブルボン家の蹂躙《じゅうりん》を許すことになろう。イギリスが敗れれば、新大陸の自由も姿を消すだろう。イギリスの庇護《ひご》のない北アメリカ大陸はヨーロッパ列強の競技場となり、近年分割されたポーランドの二の舞を演じることになろう。アメリカの自由への最大の脅威はイギリスからくるのではなくて、ヨーロッパ大陸のカトリック的・専制的な暴力からくる。それなのに、いまアメリカはこうした暴力に抱きつこうとしているのだ――こういう主張であった。

他方、自己を植民地独立へとコミットした人々は、つぎのように応酬した。独立が達成された後には、フランスもスペインも必ずアメリカから兵力を引き揚げるだろうから、心配することは何もない。そもそも、イギリスが帝国の解体を嘆いたとしても、それは自業自得だ。イギリスが破滅するとすれば、それはイギリスが腐りかけていたからだ。神の審判は近く必ず下る。そしてその時、アメリカは分離すべきなのだ、と。結局は急進派の主張が通って、独立宣言がフランスとの同盟よりも先に発表されたことは、歴史が示すとおりである。

❖流動的な立場

こうして、大陸会議急進派の主張が制勝したものの、七月二日の決定的瞬間になお不一致が消し去られなかったということもまた、厳然たる事実なのである。なるほど、多くの代表は積極的に独立を主張したが、若干の代表は独立の決定が間違いないと予想して、わざと欠席し、また後年ジョン＝アダムズが証言したように、かなりの数の代表は不安を胸に秘めながら、あるいは残念にさえ思いながら、独立に同意し、極端な場合には自分の番がくるまで決定に迷っていた。

表①を見よ。一七七五年五月から七六年七月までの時期において、大陸会議代表中、対英急進派が三二名であったのに比べ、中間ないし保守派は二八名にのぼっている。独立宣言書採択当時の、代表たちの不一致がうかがわれよう。

しかも、彼ら大陸会議代表たちの立場自体が流動的であった。確かに、マサチューセッツお

植民地	急進派	中間派	保守派
ニュー-ハンプシャー	ラングドン バートレット ホイップル		
マサチューセッツ	S=アダムズ J=アダムズ ゲリー ハンコック	クッシング	
ロード-アイランド	ウォード ホプキンズ		
コネティカット	シャーマン ウォルコット ダイヤー ディーン		
ニュー-ヨーク		ルイス フロイド ウィスナー	P=リヴィングストン R=R=リヴィングストン デュエイン ジェイ オールソップ
ニュー-ジャージー	サージャント クラーク ウィザスプーン ストックトン	W=リヴィングストン ドハート	スミス
ペンシルヴェニア	フランクリン クライマー ラッシュ		ディキンソン ウィリング ウィルソン モリス
デラウェア	マッキーン ロドニー		リード
メリーランド	チェイス	ペイカ	ジョンソン ティルマン
ヴァジニア	R=H=リー F=L=リー ジェファソン ウィス	ハリソン	ブラックストン
ノース-カロライナ	ペン	ヒューズ フーパー	
サウス-カロライナ	ガズデン	リンチ	E=ラットリッジ J=ラットリッジ
ジョージア	バロック ホール グウィネット		ズブリ

（注）中間派のなかには、大陸会議での役割が不分明であったり、代表たちの日記や通信文に出てこない人物が含まれる。

表①　**第二回大陸会議での諸派**　期間は1775年５月から76年７月まで（H=J=ヘンダーソン著『大陸会議内の党派政治』1974年、参照）

よびヴァジニアの対英急進派代表は、独立戦争全期を通じて初期の立場をつらぬいている。ところが、ペンシルヴェニアのフランクリンは印紙条例一揆の時には日和見的であり、第一回大陸会議代表になってから対英急進的立場を明示し、以後は不変の態度を取った。ロード＝アイランド代表スティーヴン＝ホプキンズとメリーランド代表サミュエル＝チェイスは、第一回大陸会議では中間派に属したが、第二回大陸会議で初めて急進派にくみした。ペンシルヴェニア代表のなかでジョージ＝クライマーは、根は急進的でなかったにもかかわらず、常に対英強硬論を支持し続けた。その他、ジェームズ＝ウィルソンは独立決定日の少しまえに、やっと独立への態度を固めたばかりであり、ジョン＝モートンは投票の瞬間まで迷いに迷っており、ジョン＝ディキンソンとロバート＝モリスはわざと会議に欠席した。

ニュー＝ヨーク代表の場合にも、複雑な状況が見られる。ジョン＝ジェイ、R＝R＝リヴィングストンなど、彼らの多くは初めから独立をためらっていたが、同地議会からの指令がないまま、賛否の投票には棄権している。ジョン＝オールソップにいたっては、独立宣言書が採択されると、これを遺憾として王党派に走っているのである。

❖連邦共和主義

もちろん、若干の例外を除いて、大陸会議代表の間に基本的な一致があったという重要な事実は、見落とされてはならない。究極的に、彼らは植民地人としてとどまるよりも独立のほうを選び、独立のために貢献した人々であった。彼らは王党派が帝国的立場から離れられなかったのに対し、地方主義的立場を守った。どんなに「母国」イギリスと固く結ばれようとも、しょせんは本国のイギリス臣民ではなくて、植民地の人間であった。本国と生まれ故郷アメリカ諸地方との二者択一を迫られた時、彼らには一致があった。いうまでもなく、生まれ故郷のほうがより大切とされたのである。

こうした地方主義的立場は、イギリスでの単一君主政体とは異なり、連邦共和制を正しいとする主張として現れることとなる。彼ら大陸会議代表は、専制に反抗し人民主権を信じるという一七世紀イギリス共和主義を知的に継承しつつ、これを新大陸の環境に合致させるよう努めた人たちであった。彼らはこう考えた――単一国家においては、一党派が興り実力で完全な統制権を掌握するという事態も起こり得るが、連合国家においては、中央政府が介入して、このような事態を防止することができる、と。彼らの不一致は、中央集権的な連邦共和制か地方分権的な連邦共和制か、という問題をめぐっての不一致であり、連邦共和主義的な市民政府をつくるという本質論ではほぼ一致していた、と考えてよかろう。

さればといって、その政府論をどう実践に移すかという点で不一致が大きかったということもまた、明白な事実なのである。共通の敵に反抗しながら、そしてそのために協力しながら、協力者同士のなかに不一致が大きかったということ自体、深刻だといわねばならない。そもそも、相手はヨーロッパ第一を誇るイギリス正規兵であり、これと結ぶ侮《あなど》れない王党派勢力である。彼らと対決しつつ、内部秩序を組み立てていかなければならないのだ。内部秩序のこの組み立てとは、新しいアメリカ連合をどうするか、連合のなかでそれぞれの邦はどのような自主性を持つべきか、人民大衆の利害はどこまで正当に守られるべきか、具体的にいえば「連合規約《アーティクルズ・オヴ・コンフェデレイション》」をどういうふうに作るか、どのような各邦の憲法を作るかということであり、国家の運命にかかわる建設的で永久的な問題だからこそ、深刻なのであった。なるほど、内部秩序をめぐる愛国派内の緊張・対立の度合いには、戦闘の危機が迫ったとか遠のいたとかという状況も作用して、強弱の差があった。だが戦後それは、戦時中の困難な諸経験をとおして、いよいよクローズ-アップされてくるのである。

❖ジェントリか民衆か

では、内部秩序をめぐる愛国派内での立場の相違とはどういうものであったのか。類型的操作をするまえに、個人はさまざまで、必ずしも固定したパターンに入れられるべきものでないことを、あらかじめ断わっておかなければならない。

愛国派のなかの最も保守的な人々は、つぎのように考えた。人民大衆は無知であり、泥臭く無能力である。彼らは個人としては弱く、集団としては貪欲《どんよく》であり暴力的である。自然の秩序によれば、少数の有能で育ちの良い教育ある人々が富の後見人であり、有徳の貯蔵所なのであって、彼らにこそ社会の秩序、礼儀作法および文化を保持する責任をゆだねるべきである。この選ばれた少数者に人民大衆は従わなければならない。いついかなる時でも、大衆の貪欲は抑制されるべきだ――すぐれた社会階層の人々の身柄や財産を侵すことがないようにである。「愚民どもは人間なみに物を考え、判断を下し始めている。あわれむべき爬虫類どもよ！ いまは奴らにとって春の朝だ。奴らは冬の殻を脱ぎ捨てようともがいており、（それから）日向ぼっこをする。そして昼まえには、人に噛みつくことになろう。」これはニュー＝ヨーク愛国派の一人、グーヴヌア＝モリスが、一七七四年のある日に語った言葉である。

以上のとおりだから、とさらにこの人たちはいう。民衆暴動は細心の注意を払って監視されなければならない。従順な態度を知らせるためにも、貧民の教育が必要である。権威と既得財産とへの尊敬を彼らに教えるべきである。政府は有徳者＝富裕者の利害を守るため、現存の社会秩序を維持すべきである。どの邦でも貧民の数は富裕者をはるかに上回っているから、邦政府だけに全面的な信頼を置くのは賢明ではない。軍隊を持った強力な中央政府が、富の再分配に当たって民衆を制約する権限を持つべきであり、法律またはなんらかの強制力でこのことが試みられるべきである。いっさいの官職は有徳者＝富裕者によって占められるべきである。だから、選挙権と公職とを得るには高い資格制限が必要となる。

また立法議会では、有徳者＝富裕者の利益に反する民衆本位の法案は却下されるべきであり、軍隊や公立教会を支えるための課税も一様にすべての人民から徴収されるべきである——支払い能力に応じて富裕者から取る、というのであってはならない。同じような理由で、裁判所は貧困な債務者、奉公人、小作農民、奴隷など、有徳者＝富裕者に挑戦しがちな連中を不当に甘やかしてはならない——以上であった。

愛国派の他の人々は、これとは違っていた。彼らはつぎのように考えた。人民大衆は自分自身を理性的に治める能力を持った、尊厳的な存在である。過去のどの政府も概して人民大衆を抑圧してきたからして、政府にはいちおう疑いの目が必要だ。政府は着物のように、失われた無垢《むく》の印《しるし》なのだ。だから、政府の権限は最小限に引き下げられるべきである。各人が自分自身を治めるべきであり、社会的制約が必要な場合には、それぞれ居住している共同体社会によって直接行われるべきだ。もっと敷衍《ふえん》していえば、地方分権のほうが中央集権よりも国家体制として重要だということになる。

圧政に陥りやすい政府固有のクセを直すためには、政府の権限を最小限にとどめるばかりでなく、人民大衆が主権を行使するという安全装置が必要である。行政部は、互いに牽制《けんせい》する大統領と行政会議との二本建てにせよ。逆に、人民の意志を直接反映する立法部は一元的にせよ。

兼職制度を廃止し、代議員の割当を平等にし、男子普通選挙を実施し、公職につく人民大衆の権利を認めよ。

土地所有についても、新しい考えが行き渡らなければならない。自然の神の秩序は、土地が人間によって利用され、しかもその土地が直接の耕作者に所属すべきものであることを明示している。「個人と種族の保存および繁栄のため人間に必要な財産は、すべてその人が自然権として持っているものであり、何人《なんびと》もこれを奪うことはできない。ただ、余った財産は公共財産であり、公共の福祉のために必要とあれば処分することが望ましい。」(フランクリン)

これとともに、大土地所有地は小さい所有地へと分割されるべきである。しかし、所有権だけでは十分でない。農民は自分の労働の成果を十分享受すべきであり、農産物価格に応じた適当な交換手段で、つまり貨幣で、裏づけされるべきである。こうすれば、農民は現金収入で負債を払うことができ、抵当流れで土地を失うこともなくなるだろう――ほぼ、以上のような主張であった。

❖膨脹のヴィジョンの相違

大陸会議代表たちの不一致は、内陸発展のあり方をめぐっても現れていた。なるほど彼らは、究極においてアメリカが富と人口ともに本国をしのぐと確信した点では、一致していた。かつ

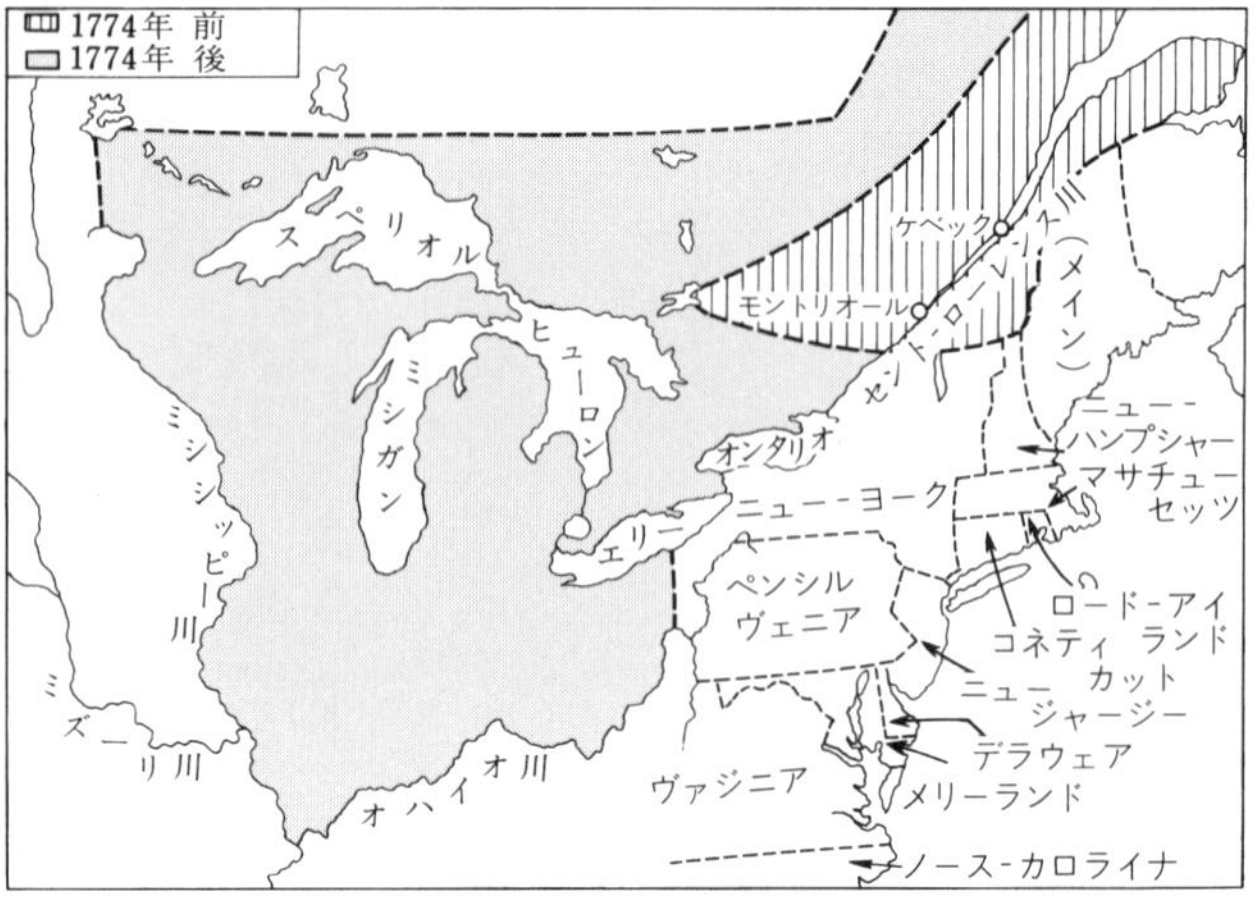

1774年前と後のケベック

てイギリス滞在中（一七六七）、フランクリンはこう揚言《ようげん》している。「イギリスではどの人も、自分一人ひとりがアメリカへの主権者だと考えているようだ。……しかし気候、土壌、航行可能な大河川や湖水など、これらすべての利点によって自然の恩恵を受けた、広大な土地アメリカは、人口多く、かつ強力な大国になるに違いない。そして、一般に考えられているよりももっと短期間に、自己に押しつけられているいっさいの足かせを払いのけ、今度は逆に足かせを相手側に押しつけることができるようになるだろう。」また一七七五年、直接アメリカ軍に立ち向かったイギリス軍士官、W＝G＝イーヴリン大佐も、敵側のフランクリンと同じようなことをいっている。「この革命はデマゴーグや宣伝家の仕事ではなくて、自分自身ゆたかであり人口も多く、また強力だと感じ、どのような束縛にも耐えられなかった人々の仕事である。」

　こうした膨張への信念にもかかわらず、具体的には、どのような発展をすべきかが問題なのであった。そしてこの問題をめぐって、大陸会議代表の意見は相分かれた。中間派や保守派は、現時点での独立が内陸発展にとって不可欠だということを、急進派ほどには痛感していなかった。それどころか、ヴァジニア代表カーター゠ブラックストンのような人は、独立によって未占有地をめぐる各邦間の抗争が激化し、ついには内戦に至るだろうと予想している。西部土地開発会社を建設しながら、まだ土地交付権を認められておらず、イギリス有力筋と交渉中の中部植民地土地会社関係者たちの間で、植民地独立への不安は特に大きかった。

彼らは恐れた——独立はウォバッシュ土地会社のような、自分たちがつくった西部発展への基礎事業を台なしにし、西漸運動に参加する中部全地域の機会を閉ざしてしまうのではないか、と。第二回大陸会議で保守派に属するロバート゠モリス、ジェームズ゠ウィルソン、トマス゠ジョンソン、そして第一回大陸会議での保守派の一人、ジョージ゠ロス（ペンシルヴェニア代表）は、ことごとくウォバッシュ会社のメンバーだったのである。

他方、南部植民地とニュー゠イングランドの土地会社は、中部植民地の場合と違って西部土地交付権を認められていた。だが、南部人とニュー゠イングランド人とにおける西部への考え方には相違があった。南部側は内陸発展、すなわちオハイオ川以南までの土地開発を生命線とし、ヴァジニア人もノース゠カロライナ人も多年にわたって、アパラチア山脈一帯の土地を踏査していた。ところがこうした活動が、フレンチ゠インディアン戦争後の諸規制によって、特に七四年の土地規制ではばまれたのである。大陸会議内の南部側代表が植民地独立を主張した理由の一つは、ここに見いだされる。本書ではジョージ＝ワシントンの場合において、この間の事情を明らかにするはずである。

では、同じく西部土地交付権を認められた南部植民地側とニュー＝イングランド側との、立場の相違はどこにあるのか。ニュー＝イングランドは海と密接に結ばれていた。マサチューセッツ人の膨脹意欲は、オハイオ州以南の土地開発という南部人の意欲とは違って、西部よりも北方や東方に向かってであり、商品生産的農業よりも商業や漁業の振興が政策の基本とされた。こうした基本姿勢が、ケベック条例というイギリスの対植民地西部土地政策とかち合った時（第一章参照）、ニュー＝イングランド人の西部発展は、自己地域内の未占有地か、またはニュー＝ヨークおよびペンシルヴェニアのまだ移住されていない地域へと向かっていくことになる。植民地独立運動の急先鋒でありながら、ヴァジニア代表とマサチューセッツ代表との間に意見の不一致が見られた一部分の理由は、大陸発展のヴィジョンの相違によるのである。

❖主要登場人物

振り返ってもう一度、独立宣言の光景を思いだそう。本書の第二章で主役を演じるサミュエル＝アダムズは、他の四人のマサチューセッツ代表と共に独立に同意した。それどころか、彼

人　名	生年(上)・没年(下)と月日	生年(上)・没年(下)の地
ワシントン	1732年２月22日 99年12月14日	ヴァジニア、ウェストモーア郡、ブリッジズ-クリーク ヴァジニア、マウント-ヴァーノン
S＝アダムズ	1722年９月27日 1803年10月２日	マサチューセッツ、ボストン マサチューセッツ、ボストン郊外
ディキンソン	1732年11月８日 1808年２月14日	メリーランド、トルボット郡 デラウェア、ウィルミントン
ハッチンソン	1711年９月９日 80年６月３日	マサチューセッツ、ボストン イングランド、ブロムトン
ギャロウェイ	1731年月日不明 1803年８月29日	メリーランド、アン-アルンドル郡、ウェスト-リヴァー イングランド、ワットフォード

表②　主要登場人物

は誰よりも早く独立精神に目ざめ、寝食を忘れて、アメリカを独立宣言へと漕《こ》ぎつけさせた中心人物であった。いうなれば、愛国派中の急進的人間の、そのまた急先鋒であった。しかし問題なのは、彼における「急進主義」とは何を意味したかであり、したがって、独立運動の闘士としての彼のユニークさはどのような心情に求められるべきなのか、という点である。それでは、サムが闘士として立ち上がる経緯はどうであったか。また、独立の念願を果たした時の彼の面目、そして以後の彼の生き方はどのようであったのだろうか。

第三章に登場するジョン＝ディキンソンは、サミュエル＝アダムズとは反対の保守派に属した。地方的名声をとび越え、一時は大陸会議を「ディキンソンの会議」とまでいわせたこの実力者は、同僚ロバート＝モリスと共に七月二日の会議には姿を見せなかった。ペンシルヴェニア代表は二人が抜けた残り五人で、賛否の票を投じ、しかもそれが白熱狂状態となったのである。ではディキンソンは、独立宣言がまさに決定されようとした時、どのような行動を採ろうとしたのか。彼は所信をひるがえし、愛国者として戦場に向かうが、それまでの彼が本国との和解に政治生命をかけたのは、なぜ、またどのようにしてであったのか。総じて、保守派としての彼の本領はどこにあるのか。

本書の最初に論じられなければならないジョージ＝ワシントンは、一七七四年九月における第一回大陸会議の開催以来、そのヴァジニア代表であったが、七六年七月二日の会議には、もちろん出席するはずがなかった。彼は大陸会議から任命されたアメリカ大陸軍総司令官として、戦場にいたのである。独立宣言が決定された当日、早急の増援を約束されたイギリス軍総司令官ウィリアム＝ハウ将軍は、ニューヨーク湾内のスタッツン島に上陸し、アメリカ軍をロングアイランドからニューヨーク市に駆逐するための作戦を採ろうとしていた。独立宣言はこうした緊急の秋《とき》に発せられたのであり、一週間後には、ニューヨーク駐屯のワシントン軍のまえで朗読された。軍最高責任者ワシントンは種々の障害に直面しながら、八年間という、近年のヴェトナム戦争を除けばアメリカ人が体験したこともない長期の戦争を、どのように勝ち取ったのだろうか。また彼が農園主《プランター》から将軍へと転じた経緯は、どのようであったのか。

以上ワシントン、ディキンソン、サミュエル＝アダムズはそれぞれの立場で、それぞれアメリカの独立に貢献した。しかし、アメリカ革命の人間像を描写するに当たっては、愛国派一辺倒に片寄ることは妥当ではない。作用の裏には反作用がある。彼らと明暗を異にして、イギリスに加担した王党派についても語られなければならないのである。

第四章に登場するトマス゠ハッチンソンは、独立宣言が決定される二年以上もまえからイギリスに亡命しており、望郷の念に駆られながら、独立戦争が終わらないうちに世を去った。かつては飛ぶ鳥を落とす威勢を誇り、サミュエル゠アダムズから仇敵《きゅうてき》視されたマサチューセッツ切っての権力政治家ハッチンソンの末路は、哀れというほかはない。

第五章の主人公、ペンシルヴェニアのジョーゼフ゠ギャロウェイも、王党派の代表的人物であった。だが、彼はハッチンソンとは違った生き方をした。独立宣言が決定された当時、ギャロウェイは以前活躍した大陸会議から身を引いて、フィラデルフィア郊外の自宅に閉じ籠っていた。そしてその年の一二月、ニュー゠ヨーク市を占領したハウ将軍指揮下のイギリス軍が、ニュー゠ジャージーを経由してペンシルヴェニアにはいるという知らせが届いた時、彼は蟄居《ちっきょ》生活を捨ててイギリス軍に走ったばかりか、イギリスへの亡命後も、年来主張してきた帝国連合案に生涯をかけて、精力的な文筆活動を続けた。イギリス王権に期待を持ちすぎ、植民地民衆勢力を不当に恐れすぎた揚句《あげく》の亡命であったが、自己のプランに命をかけたギャロウェイもまた、一個の信念の政治家だったのである。

本書では、アメリカ革命期に活躍する、その他多くの著名な人物、なかでもフランクリン、ジェファソン、ジョン＝アダムズ、パトリック＝ヘンリー、ジェームズ＝オーティスなどは、ところどころに出てくる以外、取り立てて論じられていない。この点、読者はバランスを欠く感じを持たれるかもしれない。これらの人々を省いた理由は、真っ向から取り組むだけの史料や文献、そして能力が、目下の私にないという点にある。しかしいま一つの主な理由は、沢山の人物をオン‐パレード式に並べ立てるよりも、ドラマティックな生涯を送った、タイプの違う人物数名を選んで、当時の人間模様を少しでもはっきり描きたいという気持からなのである。

I

ジョージ＝ワシントン

——農園主から将軍へ

農園主として

❖ジェントリの子

ワシントンの名はアメリカ一国の首府、七つの山、八つの川、一〇の湖、九つの大学、三三の郡、一二一の町村を代表している。彼の誕生日は長い間、合衆国の休日となってきた。彼の姿は貨幣や切手に描かれたし、その肖像はあちこちの廊下や事務所にかかげられ、アメリカ全土はおろか世界にも広がっている。アメリカ人にとって、ワシントンは造物主であり守護神であった。彼ほど徹底的に尊敬され、完全に神話のなかに凍結された一国の指導者は、ほかにはいない。そもそも、彼が実際歩んだ道はどういうものであったのだろうか。

ワシントン家の物語は、英本国での清教徒革命に関係する二つのエピソードをもって始まる。一つはチャールズ一世の死刑直後、後にチャールズ二世となる王子が、ヴァジニア植民地内のノーザン-ネック（ポトマック川とラパハノック川との中間地帯）を家臣に与えた出来事であり

ワシントンの生家　後年復原された

（一六四九）、もう一つは、国教会聖職者ローレンス＝ワシントンが清教徒によって追放された事件であった（一六四三）。追放後一〇年、ローレンスは本国で死去したが、息子のジョンは一六五〇年代、高等船員としてヴァジニアの土を踏み、農園主《プランター》の娘と結婚して社会的地位を高め、郡治安判事や代議員の経歴を持った。ヴァジニアでのワシントン家は、第一代目でかなり名を知られるようになっていたのである。

二代目はジョンの長男ローレンスであり、一六九八年に三九歳で死去したが、彼も郡治安判事および代議員を勤めた。三代目はその息子のオーガスティンで、勤勉さに加えて企業心に富み、鉄工業に従事していた。自己の財産と妻ジェーンの財産とを合わせて、オーガスティンがノーザン＝ネックに持った土地は一七五〇エーカー、さらに一七二六年には、ポトマック河畔リトル＝ハンティング＝クリークに二五〇〇エーカーを獲得している。彼もまた郡治安判事を勤め、郡執行官《シェリフ》や教会後見人《チャーチウォーデン》という要職についた。このオーガスティンとジェーンとの間にできた最初の子がローレンスであり、一七二九年ジェーンの死後、オーガスティンが孤児マリー＝ボールと結婚してもうけたのが、第一章の主人公ジョージ＝ワシントンである。

ジョージは一七三二年二月二二日、ノーザン-ネック内の、後にウェイクフィールドとして知られる農園で生まれた。彼には同腹の弟妹五人がある。ジョージが生を受けた当時、父親は鉄工業に失敗し、失意のうちにあったが、ジェントリとしては成功した部類に属していた。奴隷の数は約五〇人、また遺言からして、一万エーカー以上の土地所有者であったことが知られる。

ジョージが一一歳のとき父親は死去し、財産の大部分は異母兄のローレンスとオーガスティンとが相続した。マウント-ヴァーノンとは、リトル-ハンティング-クリーク内の所有地に対してローレンスが付けた名称である。

❖長兄の結婚とその影響

ところで、一四歳年長で民兵指揮官のローレンスがジョージに与えた影響は大きかった。正規の教育をほんの少ししか受けていないジョージに対して、数学、三角法、測量技術の手ほどきから始まり、彼の影響はやがて社会的領域にまで及んだ。すなわち、ローレンスの結婚が大きくジョージの運命を開いたのである。

一七四三年、父親オーガスティンは死去したが、他方、ローレンスは幸運な結婚へとゴールインした。花嫁はノーザン＝ネック随一の大プランター、ウィリアム＝フェアファックスの娘、アンであった。結婚後まもなく、ローレンスは一二名の大プランターからなる参議会に加わり、名士のなかに名を連ねた。参議会が立法部の上院、総督の諮問機関かつ最高裁判所であったという点からしても、参議員となることがいかに名誉であったかが理解されよう。

このローレンスを通じて、フェアファックス家の人々はジョージの成長に重要なかかわりを持つようになったのである。ジョージはジェントリとしてのたしなみを、同家の人々との交際によって一層習得したといってよい。一一〇項目に及ぶ「交際と会話の際の丁重さ、および節度ある行動の規則」を作成し、みずから守るべき紳士的行動の規準を定めたのは、彼の家風もさることながら、フェアファックス家からの感化にも負うている。

ローレンスとフェアファックス家がジョージに与えた、いま一つの重要な影響は、土地に関係するものであった。当時、ヴァジニア人の土地所有欲は異常ともいってよかった。およそ「スペキュレイション」とは、もともと抽象的問題に関する深い考察を意味していた。ところが、一八世紀中ごろから、それは冒険的な、あるいは危険な、しかしそれだけに大儲《もう》けの機会をともなう事業ないし法律行為、という意味に解せられるようになった。新しい意味の「スペキュレイション」という言葉こそ、抜け目ないヴァジニア人の物の見方を適切にいい表したと

ワシントンの作図　18歳の時のもの

いってよい。

ともあれヴァジニア人は、ピードモント高地を越えた西方にブルーリッジ山脈があることを知っていた。その向かい側にはシェナンドーの肥沃な渓谷があり、これにアレガニの障壁が並行している。そのシェナンドーの北西方に、将来をかけるべき土地、すなわちオハイオ渓谷がある――こういうことを、彼らは知っていた。そしてオハイオ渓谷こそ、ミシシッピーの大河床に通じていたのである。しかも四四年、ヴァジニアおよびメリーランド両植民地政府はイロコイ族インディアンと条約を結び、白人移住地の西境界線をブルーリッジではなく、アレガニ山脈と決定した。こうして一八世紀中ごろから、シェナンドー渓谷が土地投機家と移住民とに広く開放されたのである。

ヴァジニア政府がイロコイ族と条約を結んだ直後、イギリス政府は、九五年前チャールズ二世が家臣に与えた約束への最終決定を下した。つまり、ノーザン゠ネックがトマス゠フェアファックス卿の所有と正式に決まったのである。このフェアファックス卿こそ、ウィリアム＝フェアファックスの従兄弟であった。ウィリアムを通じてジョージが受けた恩恵は、おのずから明らかであろう。彼はフェアファックス卿に雇われた測量技師として、経済活動のスタートを切った。一七四八年、彼は初めてブルー＝リッジを越え、シェナンドーに渡った。翌四九年には、ローレンスが管理人をしているアレクサンドリア町の測量技師に雇われた。いずれも、フェアファックスとローレンスとの縁につながっていた。以後、彼の土地測量は北ヴァジニア全域に及んでいった。そして五〇年末、弱冠一八歳のこの測量技師は南シェナンドーに一四五〇エーカーの権利要求を起こし、二年後には、同地域内の土地二〇〇〇エーカーを購入した。こういうわけで、ジョージは知的な天才でもなければ莫大な財産の所有者でもなかったが、明らかに精力的で抜け目のない男であった。

❖若き家長

一七五三年、成年に達した時、ワシントンはすでに確固とした経済的・社会的地歩をきずいていた。彼はノーザン＝ネック内スポッツィルヴェニア郡のフレデリックスバーグに住み、五〇ポンド（ヴァジニア通貨）という相当な年俸で郡の測量技師をしていたし、シェナンドーの土地二〇〇〇エーカー以外になお、四〇〇〇エーカーを所有していた。後の四〇〇〇エーカーは、父親からの相続に加えて、前年ローレンスの死により、思いがけなく手にはいった財産であった。しかも、ワシントンはローレンスの後をついで民兵指揮官となり、陸軍少佐級の年俸一〇〇ポンドをもらっていたし、義姉の許可を得て、住居もマウント-ヴァーノンに移した。以来、マウント-ヴァーノンがワシントンの住家となったのである。

ワシントンの軍事的活動が開始されたのも、彼が成年に達した五三年からであった。この年、フレンチ-インディアン戦争の前触れとして、フランス軍がオハイオ地方へ侵入した時、ワシントンはみずから買って出て総督の最後通牒《つうちょう》を敵地にもたらし、帰途、インディアンときびしい一戦を交えている。そしてその功によって中佐になり（一七五四）、さらに大佐へと昇進する二三歳の青年指揮官は、五五年、ペンシルヴェニアの荒野でエドワード=ブラドック将軍指揮下のイギリス軍を全滅から救ったのみか、手勢三〇〇で三〇〇マイルの地域を守るという任務を果たした。フレンチ-インディアン戦争でのワシントンの経験は、後年、アメリカ軍の総司令官として、広大な地域での軍事行動を指揮するのに役立っている。

五八年、ワシントンはフレデリック郡から代議員に立候補して当選し、翌年には、金持ちの若い未亡人マーサ=カスティスと結婚した。マーサはこれによって良い財産管理人を得たこととなり、ワシントン自身もより富裕となった。彼が二七歳の時のことである。

二七歳の活動的若者に対して家長という言葉を使うのは、適当でないかもしれない。しかしマウント-ヴァーノンでのワシントンの生活様式には、確かに家長的なものが見られた。彼は腹違いの兄や姉、同腹の弟妹と比べて最も成功しており、兄弟姉妹はなにかにつけて彼に忠告や援助を求めた。彼は家族の問題や妻の財産の管理、それに農園の経営で多忙であった。しかもウィリアムズバーグで議会が開かれる時は、遠路これに出席せねばならなかったし、結婚後はフェアファックス郡の治安判事にもなり、さらに教区委員やアレクサンドリア管理人にもなったため、忙しさは格別であった。

　こうした多忙のなかで、プランターとしてのワシントンの采配《さいはい》振りはどうであったろうか。彼は、雇人たちが仕事に専念し仕来《しきた》りを守るよう、説いて聴かせた。そして、行動のまえにまず考えること、その場合、あらゆる筋道を頭のなかに入れること、行動に移ってからは時間や労力を浪費しないこと、に気をつけさせた。特に彼が注意したのは、仕事の記録を怠らないということであった。プランテーション監督者にあてた手紙のなかに、ワシントンの細心な経営方針がにじみ出ている。

　私はあなたに手紙を書こうとするたびに、あなたの手紙を注意深く読み直す。そして注意する必要のある箇所に出会うと、私は手紙の表紙か紙切れに短いメモをつける。それから次を、おなじように気をつけながら読む。こうして、全体の手紙ないし報告書を読み終わるまで続ける。次にあなたに手紙を書く段になり、これらのメモの一つについていうべきことを書き終えても、私はそのままペンを置かずに、他の項目にかかる。そしていちいち照合しながら、これを全部済むまで続ける。つまり、手紙を書いている間に二〇回呼ばれても、これらのメモがある限り、私は書き落としをしないのです。そしてこれらはまた、私が参照したい時の覚書にもなるのです。

まさに、経営者としての行き届いた助言だといわなければならない。こうした几帳面《きちょうめん》さと努力とが、後に国家存亡の際、最高司令官としての重責を果たすのに役立つのである。

ワシントンがプランテーション経営に示した手腕は、土地投機にも遺憾《いかん》なく発揮された。すでに見たように、彼が測量技師として目をつけたのは、アレガニ山脈からオハイオ川に至る地域への土地投機と開拓とであった。独立戦争が起こるまでに、彼が従軍報奨地として請求した土地と実際に得た土地財産との内訳はつぎのとおり――㈠妻の財産を合わせて、ヴァジニア内での所有地一万二〇〇〇エーカー（約五〇〇〇町歩）、㈡政府に請求した一万五〇〇〇エーカーを含めて、アレガニ山脈以西に権利を主張した二万四〇〇〇エーカー（約一万町歩）。われわれにはちょっと想像のつかない広さであり、ここに精力的な土地投機家としてのワシントンの姿が彷彿《ほうふつ》とする。

❖タバコ－プランターの苦境

では、ワシントンがかくも精力的に土地投機に乗りだした理由には、どのようなプランテーション経営事情があったのか。

タバコ、米およびインディゴを中心とした一三植民地南部の農業生産が、本国への経済的依存という形で、この地と本国との経済関係を緊密にしたという点に、まず着目しよう。これらの主要農産物は本国の主要農産物と競争関係になかったばかりか、プレミア付きで栽培を奨励するほど本国が必要としたため、容易にその工業製品と交換された。つまり、南部の農業は商品生産的性格を持っていたのである。タバコさえあれば、何とでも換えることができた。だから、アメリカ南部プランターへのイギリス商人の貸付金は、年と共に多額となった。一七六〇年ごろ、一三植民地人がイギリス商人から借りていた四〇〇万ポンドのうち、半ば以上は南部タバコ=プランターの負債であり、年利子だけで一二万ポンドにのぼっていた。また独立戦争が始まったころ、イギリス商人への負債五〇〇万ポンドのうち、少なくも六分の五はタバコ=プランターの借金であった。

しかも、植民地向け本国製品の品質はしばしば粗悪で、荷造りも十分でなく、時には注文どおりの品物が来ない場合もあった。ピードモント地方のプランターの家に生まれたトマス=ジェファソンが、ヴァジニアのプランターは、「ロンドンの商家に吸い取られた一種の財産だ」といったのも、あながち誇張ではない。すでに一八世紀初め、タバコ植民地メリーランドの総督ジョン=シーモアも、タバコ=プランターの苦境をつぎのように証言している。「きわめて多くのプランテーションがイギリス商人の抵当にはいっている。多くなっていく利子を計算に入れれば、回収の見込みのあるものはほとんどない。」

タバコ-プランターのこのような苦境を倍加したのは、タバコ生産の不利益という点であった。生産量および労働力の増大にもかかわらず、収益の上がらないことが一八世紀を通じて明らかとなってきた。それには二つの理由がある。第一は土壌の消耗であり、第二は輸入税、手数料、保険料、運賃、倉庫料、口銭を含む生産費の高騰であった。

これに関連して、低南部における米およびインディゴの生産増強が、奴隷価格の上昇をもたらした点を見逃してはならない。奴隷価格の上昇も、生産費高騰の重要条件となっている。現に奴隷の値段は、一六五〇年の二〇ポンドから一七〇〇年の二五ポンド、四〇年の三〇ポンド、五〇年の四〇〜六〇ポンド、七〇年代の五〇〜八〇ポンドと上昇している。一七一五〜七〇年にタバコ植民地への奴隷の輸入は年平均三五〇〇人であったことから、一八世紀中ごろ、プランター層は毎年一四万〜二一万ポンドを支払わなければならなかった勘定になる。タバコ取引が円滑で値段も高い時には、彼らは相当な収益を上げた。しかし不況の際の暴落ははなはだしく、売上げはイギリス商人への支払いで消えてしまい、彼らは債務者となった。一八世紀初めからの数次にわたる不況は、プランターを大きな負債者へと追い込んだのである。しかも収益がないため、彼らはプランテーションの改良に投資することができない。ついに、旧プランテーションは土壌の消耗のため生産を損なわれた。肥料や輪作、深耕を利用できなかったことが、この趨勢《すうせい》に拍車をかけた。また奴隷の値段の高かったことも、旧プランテーション経済を破壊した。

こうして遅くもフレンチ＝インディアン戦争が終わるまでに、タバコ生産は限界点に達していた。それをよく示す例証として、一七五〇年代末における通貨インフレへの切実な要求を指摘することができる。この要求はプランターの負債を軽減し、彼らの不安を除去するためのものであったが、同時にそれは、タバコ生産に対するイギリス資本ないし植民地資本の投下がもはや魅力的でなくなったことを示すものである。

❖土地投機に活路を

ワシントンの場合も例外ではない。彼はロバート＝ケアリー商会をとおしてイギリスと取引していたが、ケアリーの要求するタバコの値段は彼を満足させなかった。ある年は値段が前年の三分の一に下がり、また別の年には、運賃その他で売り上げが飛んでしまった。ところが、彼がケアリー商会から購入した「馬四頭に使用する車と鐙《あぶみ》」だけで、三五二ポンドという法外な高値であった。ここにおいて、ワシントンはフレンチ＝インディアン戦争の終わりごろから、タバコの本格的生産をやめ、別の収入源を求めていったのである。

別の収入源を得るには、まず、生産物の種類を多様化するという方法があり、この傾向が戦後いちじるしくなった。タバコ生産の代名詞のようにいわれてきた植民地時代のヴァジニア＝プランテーションにおいて、タバコ以外の農産物が本格的に収穫され始めたばかりか、かなりの工業製品まで現れるようになったということ、プランターが多角経営において商人的機能を発揮しだしたということは、南部経済の変容を示すものであろう。ワシントン自身、戦後は小麦の生産や、漁業ないし各種の工業生産に力を入れた。数年で、彼は小麦を二〇倍に増産している。小麦は彼の製粉所で麦粉にされ、魚類とともに西インドへ輸出された。また彼が所有ないし雇用した紡績工や織布工も、かなり良質の亜麻布、羊毛品、綿製品、麻毛交り織物を作ることができた。

ワシントンのこうした生産の多様化が、印紙条例によって促進されたことは注目に値する。印紙条例への反対という点でワシントンは人後に落ちなかったが、すぐれた演説家でも著作家でもなかったため、彼の存在は目立たなかった。彼は、「大胆で、偉大で、物凄く雄弁な」パトリック＝ヘンリーの演説が自分の考えを代弁するものとして、満足していた。彼は生活のうえで、反英精神を実践した。生産の多様化はその現れだったのである。

それにもかかわらず、ワシントンの場合を含めて、結局プランテーションでの工業の発展は制約をまぬがれなかった。まず奴隷を職人として雇用することは、自由職人が南部へ移住するのに障害となった。また、奴隷の購入には長期の投資が必要であった——北部では自由賃金労働者の雇用によって、こういう厄介《やっかい》な問題は回避されたのである。そのうえ、奴隷が所有主から雇主の手に渡る場合、賃金レートは必然的に高くなった。雇主は被使用人つまり奴隷に支払うだけでなく、奴隷所有主にも支払わなければならなかったからである（所有主はそれによって、奴隷投資の元金および利子をカバーしている）。こうして、プランターが求めた第一の収入源は、あまり実りのあるものとはならなかったのである。

プランターが求めた第二の、乾坤一擲《けんこんいってき》ともいうべき収入源は、西部の土地を買い占め、これを開拓農民に貸すか、または売却することであった。ワシントンが精力的に土地投機を行った所以《ゆえん》は、まさにここにある。独立戦争が終わった一七八三年、彼がアレガニ山脈以西に持っていた土地は五万八〇〇〇エーカー（二万六〇〇〇町歩）、財産の少なくも半ばは土地投機から得られている。

さて六七年ごろから、ワシントンは西部への土地投機に本腰を入れ、従軍報奨地として請求していた一万五〇〇〇エーカーを理由に、グレイト-カノア渓谷を開拓しようとした。そしてこの目的から、彼は、代議員としての自己の選挙地区フレデリック郡の在郷軍人とはかり、多くの従軍報奨地を極安の値段で買い占めた。彼の計画は図に当たった。六九年一二月、ヴァジニア参議会はこれら在郷軍人のためを思って、二〇万エーカーの土地の選定権をワシントンに与えた。そして同郷の在郷軍人たちも、グレイト-カノア地方に請求した自己の土地の選定権をワシントンにゆだねた。七〇年の暮れ、彼とその一行はこの地方を探検旅行し、適当と考えられる土地を選定した。「われわれは許可された地域のなかで最大だと思われる一〇区の開発計画地を測量し、六万一七九六エーカーを当て込むことができた。」——七一年一一月七日、彼は関係者にこう書き送っている。

❖土地計画の行きづまり

それでは、ワシントン個人のグレイト-カノア土地計画はどのようであったのか。一七七四年四月、信頼できる彼の代理人がグレイト-カノア川南岸の土地二〇〇〇エーカーを測量した。彼は代理人の測量の結果にもとづいて、一年後にこの地方の買い占めを決心したのである。

ところが、たまたまこの時であった——彼がヴァジニア勅任総督ジョン=M=ダンモーア卿から手痛い仕打ちを受けたのは！七五年三月、ダンモーアは突然、ワシントンのグレイト-カノア計画を無効だと宣言した。つまり、前年のケベック条例および他の土地規制によって、ワシントンの代理人は土地測量の権利がないと断定されたのであった。

ここで、七四年に集大成された、イギリスの対一三植民地西部土地規制に触れておく必要がある。同年五月のケベック条例は、ペンシルヴェニアの西、オハイオ川の北、ミシシッピー川

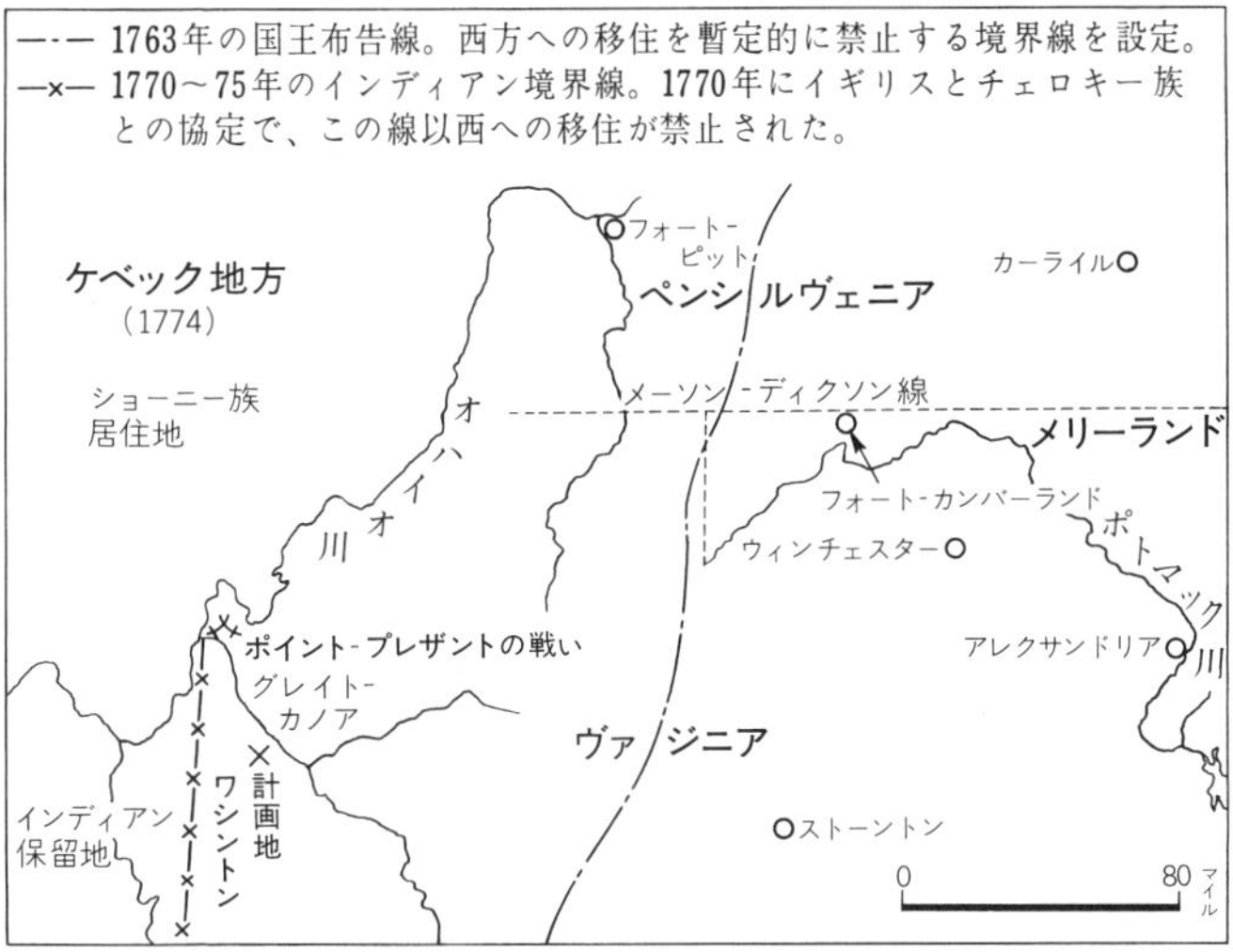

グレイト-カノア土地開発計画

の東をインディアンの土地および毛皮取引地として保留したほか、保留地をケベック王領植民地にまで拡大し、規制地域にカトリックの信仰を許した。これは、この地方に請求権を持つヴァジニア、コネティカット、マサチューセッツ各土地投機家たちの活動をはばみ、開拓農民の将来の進出を抑えるものだと受け取られた。しかもケベック条例に引き続いて、同年イギリス国王は、一三植民地全体での未交付地の処分に関し、きびしい制限を押しつけてきた。今後土地の払い下げは一定の割当、つまり少ない場合は一〇〇エーカー、最大限でも一〇〇〇エーカーに限られる。土地保有者が支払うべき免役地代は、新交付地では倍以上に引き上げられる。土地は払い下げに当たって、一エーカーにつき六ペンスを下ってはならない、などであった。

　ダンモーアの突発的な宣言に加えてワシントンを脅かしたのは、インディアンの動静であった。オハイオ州の北岸には、インディアンが国王の保護のもとに居住していた。グレイト-カノア川の向こう側、つまりオハイオ州の北岸に沿っては、フロンティア開拓農民の宿敵ショーニー族が住んでいた。彼らは、オハイオ州やグレイト-カノア川をいつでも南下できる姿勢を取っている。ワシントンが開発しようとした二〇〇〇エーカーも、インディアンのねらう地域のなかにはいっている。すでに数年まえ（一七六九）、ショーニー族の酋長はケンタッキーに踏み込もうとしたダニエル＝ブーン一行の探検隊に、つぎのように警告した。

どうだい兄弟たち、家に戻ってじっとしておれ。もうここへは来るな。ここはわしらの狩猟地であり、動物も毛皮もみんなわしらの物なのだ。もしおまえたちが愚かにも、もう一度やって来ようというのなら、間違いなく、矢と黄色のジャケツ（インディアンの身体のこと）とがおまえたちを手ひどく突き刺すだろう。

そして現に七四年一〇月には、ショーニー族がオハイオ州を南下して、開拓農民との間に一戦を交えたのであった。「ポイント-プレザントの戦い」と呼ばれるこの戦闘は、ケベック条例がケベック地方を拡大してショーニー族の集落を含み、グレイト-カノア渓谷へのショーニー族の土地要求を暗々裏に認めた、ということが開拓農民にわかってから、激烈となったものである。この地域に近いワシントンの計画地も、まさしく危険にさらされていたわけである。

ヴァジニア勅任総督による無効宣言とショーニー族南下の気配、こういった事態こそ、さすがに忍耐強いワシントンを激昂させる十分な条件であった。かつてフレンチ=インディアン戦争の時、彼は危険をおかして、全滅にひんしたブラドック将軍指揮下のイギリス軍を救った。それは英帝国に対する彼の忠誠心ばかりではなく、戦争が済めば西部の土地をくれるというヴァジニア政府の約束に従ってであった。そして事実、戦後に彼は自分のグレイト=カノア土地計画を押し進めた。相つぐイギリスの植民地規制に不満を持つ彼にとっては、自己の土地計画の推進こそ一歩も譲れない最後の一線であった。

しかも彼の計画は、七〇年イギリス政府とチェロキー族インディアンとの協定になる境界線の東においてであって、少しも規約に違反してはいない。ところが七四年になって、イギリスはオハイオ川の北の土地を植民地人に閉ざしたばかりか、土地払い下げも一〇〇〇エーカー以下と限り、その結果、ワシントンのグレイト=カノア計画の将来の発展をはばんだ。それだけではない。翌年にダンモーアは、ワシントンの計画を無効だと宣言した。ワシントンが合法的な枠《わく》のなかで行おうと考えていた計画を、無効だといい切ったのである。タバコ栽培の不利益を別の財源で、主に土地投機で補おうとしたワシントンの、最後の望みもここに断たれた。時はちょうど七五年の春、北のマサチューセッツでレキシントン=コンコードの戦いが起ころうとしていた。そしてヴァジニアでは、「私に自由を、そうでなければ死を」と叫んだパトリック=ヘンリーの動議に応じて、防備委員会が任命されるという時に当たっていた。ジェファソンやリチャード＝H＝リーと共に、この委員に選ばれたのがワシントンであった。ついで六月、彼はフィラデルフィアの第二回大陸会議で、アメリカ大陸軍の総司令官に任命された。こうして、独立戦争のリーダーとしての将軍ワシントンが、積み重なる対英不満のうえに、土地計画の行きづまりをクライマックスとして、ついに登場することとなるのである。

軍最高司令官として

❖総司令官に就任

さて、ワシントンが満場一致で総司令官に選ばれたのは、彼がゆったりした軍人的な雰囲気を持つ人物だと受け取られたためばかりではない。一七七五年六月の時点において、戦闘はまだニュー＝イングランドに限られていた。戦闘が拡大し他の植民地に及ぶことを考えれば、総司令官の人選は全植民地的観点から決められなければならない。ヴァジニアは最も強力な地域であり、マサチューセッツと共に反英運動で群を抜いた存在だ。総司令官はこの地から出されてよい。マサチューセッツ代表サミュエル＝アダムズやジョン＝アダムズのこうした考えが、大陸会議を支配した。ワシントンが任務をおびてケンブリッジに向かった六月二一日、一年後には独立宣言書の起草者となるジェファソンが、彼の後任として大陸会議ヴァジニア代表に選ばれたのは、奇しき因縁といえよう。

ワシントン　アメリカ大陸軍総司令官に任ぜられた頃

ケンブリッジに到着し、七月二日から指揮を取り始めたワシントンは、手近な所で一万四〇〇〇の兵士を募集できると判断した。彼らは植つけや収穫期には故郷へ帰り、また戦場に戻ってくる季節的な兵士であり、ヨーロッパの職業軍人と違って素人であった。したがってワシントンの最初の任務は、彼が「この種々雑多な人間からなる群集」と呼んだ者たちを、紀律正しい軍隊に仕上げることであった。彼は物資を確保し、兵士を訓練し、そのため連日細かい命令を下し、紀律をきびしくし、兵舎を建てて内部を清潔にし、兵士間に見られる地方的敵対感情の緩和に努め、必要だと思われるいっさいのことを大陸会議や各植民地政府に報告した。それらは退屈もし腹立たしくもなる、つらい仕事であった。だがこの点において、ワシントンは、かつてプランテーション経営に示した手腕を発揮した。あたかもプランテーションの延長であるかのように、軍隊を細心に経営した。一士官への手紙のなかで、彼は軍紀律をつぎのように要約している。

私が与えることのできる最良の一般的助言は……規律に厳しくなれということである。すなわち、部下に対して不当な要求をせず、要求されたものは全部かっちり与えるということである。各人をその功績に従って、不公平や先入観なく報奨し処罰せよ。彼の不平を聴け。もし理由のあるものなら、これを取り上げよ。そうでなければ、みにくい不平を起こさせないよう、これを思いとどまらせよ。いかなる形にせよ、罪を犯させるな。そして正当な理由の重要さと、いい争うのは何のためなのかとを、地位の上下にかかわりなく、各人の心に刻み込ませよ。

プランターとして、雇人や奴隷に注意を与えていた当時のワシントンを思いださせるではないか。

だが厳格な規律による兵士訓練は、ワシントンの任務のほんの半分でしかなかった。アメリカ大陸軍兵士は、七五年一二月末をもって任期切れとなっていた。新規募集が差し迫って必要なのだ。それゆえ、ワシントンは一〇月、大陸会議の権限において新兵を募集し始めた。彼の努力にもかかわらず、実績は上がらなかった。ワシントンが設けた厳格な紀律は、平等気質のニュー゠イングランド人には不人気であった。新規募集に応じたのは一万人ほどであり、彼に許された募集定員の半分にも満たなかった。やむを得ず、残り半分を民兵で補おうとしたが、その数も七〇〇〇人程度にとどまってしまった。総司令官就任の当初から、ワシントンは大きな試練に立たされていたのである。

❖どん底の戦況

一七七六年三月、ボストンをイギリス軍の支配から解放したものの、独立宣言の年はワシントンにとって最も苦しい時となった。一三植民地の反乱が大戦争になるだろうことをようやく察知したイギリス国会は、外国人傭兵を含む大軍五万五〇〇〇人の派兵を決定し、攻撃の拠点として、アメリカを南北に二分する水路の河口、ニュー゠ヨーク市を選んだ。そしてその第一隊が、七月一二日に到着した。これより先、独立宣言が決定された当日、トマス゠ゲイジ将軍に代わる二人目のイギリス軍総司令官ウィリアム゠ハウ将軍は、すでにニュー゠ヨーク湾内のスタッツン島に到着し、そこに上陸していた。そして以後数週間のうちに、イギリス軍、ドイツ人傭兵、アメリカ王党派の諸部隊が続々ニュー゠ヨーク港に集結してきた。八月下旬、ロング＝アイランドでの戦闘が開始された時、ハウ将軍は陸兵三万二〇〇〇、水兵一万、軍用輸送船四〇〇隻、戦艦三〇隻を持っていた。新世界はかつて、これほど恐るべき軍事力の結集に直面したことはなかったのである。八月二七日、前夜半からの戦闘で、まずロング＝アイランドがイギリス軍の手に落ちた。

以後のワシントン軍は守勢と退却の連続であり、九月中旬にはニュー＝ヨーク市を放棄し、一二月上旬には、デラウェア川を渡ってペンシルヴェニアへ逃れた。中旬には大陸会議も難を避けて、フィラデルフィアからメリーランドのボルティモアに移転した。

イギリス軍のニュー＝ジャージー進撃に当たっては、略奪がしきりに行われた。食糧品、衣服、家畜はもちろんのこと、略奪は宝石類や骨董品など、ありとあらゆるものに及び、使えそうにもないほど沢山の略奪品を荷車ではこぶ連中もいた。ドイツ人傭兵の場合、略奪は特にひどかった。

婦女暴行も行われた。「これら憎らしい略奪者たちは婦人、それに老婦人までも目茶苦茶にしている。彼らが通っていった地方には、ほとんど処女はいない。」武器を取って立った一アメリカ人のこの苦情は、宣伝用の誇張として割り引いてよいかもしれないが、現に従軍中のイギリス軍士官フランシス＝ロードン侯自身が、横柄な態度でつぎのように書きとめている。「この島（スタッツン島）の美しい乙女たちは、驚くべき災難にあっている。わが兵士たちがここで手に入れる新鮮な肉は、彼らを色情狂のように放らつにさせている。女の子がバラを摘みに草むらへはいれば、彼女は必ず凌辱《りょうじょく》されるという、最もきわどい危険を冒すこととなる。彼女たちはこうした力ずくのやり方にほとんど慣れていないため、適当にあきらめて素直に受け取るということをしない。だから毎日、とても愉快な軍事裁判が開かれるのだ。」

七六年はアメリカ人にとって、独立宣言という破天荒な年であったが、ワシントンがいちばん沈痛な面持ちでいたのも、その年の暮れであった。一二月一八日、彼は異母兄のジョンにあてて、つぎのように書いている。

戦争はほぼ終わりに近づいたと思います……私の立場の複雑さは、とてもあなたにはわかりますまい。自分ほど……窮境からはい出るのにわずかな手段しか持たなかった人間はまだない、と私は信じているのです。

❖明るい展望と財政危機

その二日後のことである——義勇兵として従軍中の、『コモン-センス』の著者トマス=ペインが、「アメリカの危機」と題する小論文をフィラデルフィアの『ジャーナル』に載せたのは！　ワシントンは、各連隊のまえでこれを読むよう命令した。そして年末から翌七七年一月にかけて、彼は目を見張らせるような逆転劇をやってのけた。トレントン奇襲であり、プリン

ヴァレー=フォージでのワシントン　右はラファイエット（アフロ提供）

ストンでの勝利であった。フィラデルフィアをめざす長蛇のイギリス軍は、一時後退した。

こうして七七年は、ワシントン軍が絶望からはい出る年となった。戦況は一進一退を続けた。九月下旬、ハウ軍はフィラデルフィアを占領したが、他方一〇月中旬には、ホレーショ＝ゲイツ将軍指揮下のアメリカ軍がニューヨーク北辺の森のなか、サラトガで、ジョン＝バーゴイン将軍指揮下のイギリス軍を包囲し、降伏させた。当時ハウもワシントンも、サラトガの戦いがやがて米仏同盟をもたらし、独立戦争の性格を変えるだろうことには気づかなかった。七七年暮れから翌年にかけて、ハウがフィラデルフィアで安逸に冬を過ごす間、ワシントン軍は二二マイル離れたヴァレー＝フォージに籠ることとなる。

ヴァレー＝フォージでの冬は、独立戦争中いちばん寒い冬ではなかった。七八年暮れから七九年初め、さらに七九年暮れから八〇年にかけての冬のほうが、ずっときびしく、もっと多くの雪が降ったのである。またワシントン軍の戦意を見ても、独立戦争が失敗に終わるかと思われた七六年一二月の時点より、ヴァレー＝フォージでの冬のほうがずっと高揚していた。

だが大陸会議からの確約にもかかわらず、軍服や俸給の支給は遅れるか、またはと絶えがちであった。ヴァレー＝フォージに移った直後（七七年一二月二三日）、ワシントンは「裸足または真っ裸のため、軍務につけない」兵士が二九〇〇名いると報告したが、二月初旬までにその数は四〇〇〇名となった。兵士たちは食糧不足に加えて、寒さや天然痘やチフスとも戦った。脱走して家に帰るか、またはイギリス軍に投じた者が数百名いたほか、兵士たちは一か月に四〇〇名の割合で死んでいった。六か月の野営で死者は二五〇〇、全兵力の約五分の一に相当した。独立戦争が始まって以来、かくも多くの犠牲者を出した冬はなかったのである。だがこの艱難辛苦《かんなんしんく》の時、七八年二月六日に、独立戦争の前途を決定する米仏同盟条約が調印されたという明るい事実を見落としてはならない。

七八年六月、ハウに代わる三人目のイギリス軍総司令官ヘンリー＝クリントンが、フランス海軍に備えて軍隊をニュー＝ヨーク市に集結させる作戦を採り、フィラデルフィアを出発した時、ワシントンはヴァレー＝フォージでの野営を切り上げて、後を追い、ニュー＝ジャージーのモンマスで交戦した。それ以後、七九年七月までの一年間、ワシントンの主力部隊は軍事行動を起こしていない。彼は大本営をニューーヨーク市北方五〇マイルのウェストーポイントに置き、ニューーイングランドから南部へ通じる道を確保すると共に、イギリス軍がハドソン川を北進するのを防止しようとしたのであった。

この、七八年暮れから七九年にかけての冬は、まったく寒かった。ワシントンは軍主力をニューージャージーのモリスタウン近郊にある冬期兵営へと引率したが、身も魂も麻痺《まひ》させてしまうような大吹雪に見舞われた。そして春になっても、肝心な兵力の問題が彼に重くのしかかっていた。七七年初めに決められた三年の兵役期間は、数か月で切れようとしていたし、事実、八〇年五月までに、実動兵力は一万五〇〇〇名ほどに減ってしまった。これに対して、クリントン軍は一万八〇〇〇名のドイツ人傭兵、四〇〇〇名の王党派軍を含めて、二万八七〇〇〇名にのぼっていた。

しかし、強力なイギリス軍以上に油断ならないのは、アメリカの内部事情、つまりその財政危機であった。いうまでもなく、戦費の調達は課税による。ところが大陸会議は課税権を持たず、一三の各邦に徴税を依頼しなければならない。戦争が終わるまでに、諸邦による徴税総額は正貨で六〇〇万ドル以下、一人当たり二ドルに満たなかった。内外債によっても、得られた金額は焼け石に水であった。内債は一二〇〇万ドル、外債は八〇〇万ドル以下にすぎなかった。だから、頼みの綱は紙幣発行にしかなかったのである。

だが、危険は紙幣の濫発にあった。確かに七五年、大陸会議が二〇〇〇万ドルの紙幣発行に踏み切った時、反英闘争精神は高揚したが、以後、数十回にわたる合計二億ドルの紙幣濫発によって、価値は暴落し、七九年には一ドルが一セント、八一年春までにはほとんど無価値となった。一ドルが一セントに下落したころ、ワシントンはこう書きとめている。「荷馬車一杯に積んだ金でも、ほとんど荷馬車一杯の食糧を買うことができない。」大佐といった高級将校ですら、一年間の俸給で靴一足も買えなかった。自分で衣服をまかない、食費も払わなければならない士官たちは、家族への送金どころか、借金をよぎなくされた。「私は私の同胞を軽蔑する」、と陸軍少佐エベネザー＝ハンティントンは書いたが、一部兵士たちの間には反乱の気運が見え始めた。こうしたなかで、ワシントンはよく軍隊を統率し続けたのである。

❖勝利と講和と

一七七九年のクリスマスの翌日、大船団を組んだクリントン軍が、サウス-カロライナのチャールストンに向かってニューヨーク港を離れた時から、戦線はようやく南部へと移動し始めた。そして八〇年五月一二日、チャールストンでは砲声がとどろき、イギリス軍の大勝に帰した。この戦闘はアメリカ軍がこうむった最大の敗戦であり、戦死六〇〇〇余、将官も七名が戦死した。イギリス軍はサラトガでの仕返しをしたわけである。

だが、勝ったイギリス軍は敗れたアメリカ軍と違って、国際的孤立というハンディキャップを背負っていた。米仏同盟の実が、ものの見事に示される時がきた。決戦の場をヴァジニアのヨークタウンに選んだクリントンに対抗して、ニューヨーク攻撃を考慮中のフランス人将軍ジャン＝ロシャンボーとワシントンとは、計画を変更してヴァジニアに南下し、これをフランス人提督フランソワ＝グラースが海上から支援することとした。八一年九月下旬、アメリカ大陸軍五七〇〇、民兵三一〇〇、フランス軍七〇〇〇からなる米仏連合軍は、ウィリアムズバーグを去ってヨークタウンに向かい、イギリス軍要塞を包囲した。一〇月一九日、指揮官のチャールズ＝コーンウォリス将軍は降伏した。これが、ほぼ一二を数える独立戦争中の決戦の最後であった。

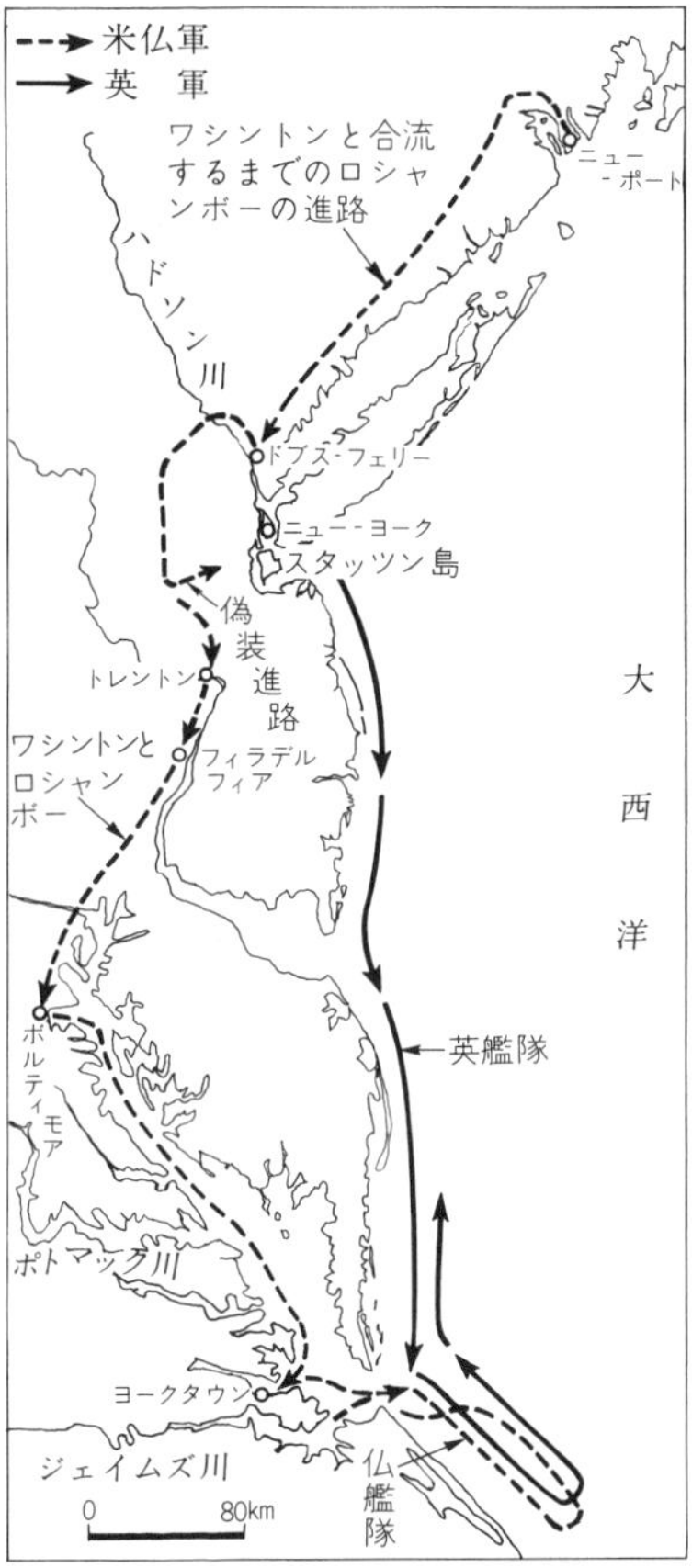

ヨークタウンへの道

輝かしい戦果にもかかわらず、ワシントンは、終戦近しといったような甘い考えに耽《ふけ》らなかった。残り火は消えていなかった。現にデトロイト、ニューヨーク市、チャールストン、サヴァンナなどの拠点はまだ敵の手中にあったし、西部辺境では、イギリス側に味方するインディアンとの戦闘が七六年来続けられていた。そしてまた、フランス艦隊が去れば、再びイギリス海軍が沿岸水域の海上権を掌握することも、十分予想されるところであった。ワシントンは連合会議（連合規約下の中央政府）と各邦とに、手綱をゆるめないよう、事あるごとに警告を発している。ヨークタウン以後一年間のワシントンは、このようであった。

八二年一一月一四日、独立戦争歴戦の将軍、ポーランド人のタデウス＝コシューシコが、サウス-カロライナのジェームズ島でイギリス軍を一掃した。そしてこれが、最後の戦闘行為となった。一か月後、六〇〇〇の兵士と三八〇〇のアメリカ王党派、それに六〇〇〇以上の黒人奴隷を載せたイギリス船団が、チャールストンを後にした。講和本条約は翌八三年九月三日に調印され、翌月下旬には、最後のイギリス部隊がニューヨーク港を出ていった。

連合会議が戦闘の全面的停止を軍隊に宣言したのは、八三年四月一九日、すなわち、レキシントン-コンコードの戦いから数えて、ちょうど八年後のことであった。兵士たちはなんらの儀式も行わず、謝辞も述べず、邦ごとに一団となって帰っていった。ワシントンは兵士たちがことごとく去った後、講和本条約調印の知らせが届く一一月一日まで、残務整理に追われていた。彼がアナポリスで会期中の連合会議に出席して、総司令官辞任の許可を受け、わが家に着いて、忍耐強い妻と興奮した孫たちから抱擁されたのは、クリスマスの日であった。

連合会議でのワシントンの挨拶《あいさつ》は、つぎのようであった。「いま、私に割り当てられた務めを終えましたので、私は大きな活動舞台から隠退いたします。そして、大変長い間私が命令を受けて行動してきた、この尊厳な団体に対し、私は愛情をこめて別れを告げると共に、委任されたものをすべてお返しし、あらゆる公生活からの休暇を頂きます。」

❖ 指導者としてのワシントン

しかし歴史が証明するように、「あらゆる公生活からの休暇」はワシントンにとって、一時の夢にすぎなかった。そしてそのことは、帰郷後彼が再開した西部土地開発にかかわっているのである。

ワシントンはこう考えていた――ヴァジニアと西部とは水路で結びつけることができるし、またそうしなければならない。ところが肝心なポトマック川の権利は、ヴァジニアだけでなくメリーランド側にもある。だからまず、メリーランドと協定を結ばなければならない、と。その結果が、ヴァジニアとメリーランド両議会の承認を得たポトマック会社の設立となり（一七八五）、ワシントンは社長に推されたのであった。

貿易や交通など共通の利害問題には諸邦が寄って検討し合うという、こうした動きは、以後さらに進展した。一七八六年九月には、ヴァジニアを含む五つの邦の代表がアナポリス会議を開き、この会議が合衆国憲法制定会議開催への有力な推進力となった。そしてワシントン自身、憲法制定会議の議長に選ばれ、憲法制定から一年五か月後には、合衆国初代大統領に選ばれた。九七年三月、ようやく多事多難の政界から身を引くことができたものの、対仏関係の緊張にともなって、九八年の独立記念日には再びアメリカ軍総司令官の任務を負わされている。

その任務が解けない九九年一二月一四日に、ワシントンは六七歳で世を去った。カゼをこじらせて咽頭炎《いんとうえん》をおこし、当時の医術では救い得ないものとなった。病気との戦いは二四時間続いた。彼によれば、この戦いは「私がみな払わなければならない負債であり、臨終に際していったように、死は『私が行くことを恐れない』目的地であった。」死との戦いのなかで、ワシントンは農園や戦場を駆けめぐっていたのであろうか。本書第一章では、独立戦争の終結から死に至るまでのワシントン物語は割愛されなければならない。

独立戦争におけるワシントンはすぐれた戦略家というよりも、むしろ偉大な指導者というほうが当たっていた。最高司令官という職務があるうえに、比較的小さな仕事が殺到し、書くべき手紙は唖然《あぜん》とするほど山積みされていた。これら事務的な仕事をする掛《かか》りを、彼は決して側《そば》に置かなかった。彼は自分に鞭《むち》打って、小さな仕事も全部やってのけた。彼は休暇を一度も取らなかったし、幸いにも病気にはほとんどかからなかった。

たとえワシントンが心の暖かい陽気な外向的人間ではなかったとしても、その指導力によって、兵士たちは彼に忠誠を誓ったであろう。理論に秀でるという卓越した知性は持ち合わさなかったが、彼は情報を分析し、鋭く正しい判断を下すことができた。また彼の忍耐力は、戦場の兵士だけでなく一般市民に学ぶべき多くのものを与えた。つまり、人間は何回か負けることもあるという教訓であり、イギリス軍にしてみれば、真に手の焼ける相手であった。

ワシントンの強さがどこから来たかをいい当てることは、容易ではない。彼は神の摂理がアメリカ側にくみしているという信念を持っていたけれども、それは、何々派的な宗教的熱意というようなものではなかった。彼は合理主義者であり、理性の信奉者であった。また彼は、いつも思慮分別と善意とで大衆はみずからを治めるものだ、といった考えを賛美するほど、時代の先端を行っていたのでもない。ジェントリの生活と精神とをたたき込まれたワシントンは、民主的平等を信じなかった。彼は、台頭する民衆勢力に一抹《いちまつ》の不安を抱いていた。だから、兵士たちには規律を厳しくしなければならなかった。合衆国憲法制定会議の議長となった時も、彼は熱心に説いている――「大衆の歓心を買うため」自分自身では承服できないような憲法をつくることがないように、と。

いい換えればワシントンは、一七世紀イギリス共和主義の知的継承者として共和制を信じたのであり、責任を持った代議員たちによる人民のための政治を正しいとしたのであった。確かに彼は、理想的な政府なるものが存在しないことは知っていた。しかし立憲共和制は、責任ある正直な人間によって運営されるなら、「かつてあらゆる人間のつくった制度が到達した程度には、完全な域に近寄れるだろう」ことを信じていたのである。ジェファソンはワシントンについて、つぎのような人物像を描いている。

ジョージ＝ワシントンは、民衆が自分で行い得るだけの自治を持てるよう、真に願っていた。私と彼との意見の相違はただ一つ、すなわち、私のほうが彼よりも民衆の自然の廉潔さと知性とに対し、したがって政府をみずから運営していく能力に対して、信頼を置いていたという点である。

人民に責任を持つ、正直なジェントリによる政治をめざしたワシントンの面影がうかがわれよう。だがこの評言につけ加えて、ジェファソンはつぎのように結んでいるのである。

彼（ワシントン）は、現在の政府が公正な試行期間を持つべきであり、その支持のためには自分の血の最後の一滴まで使いつくす覚悟であることを、何百回となく断言した。

ジェファソンの言葉のなかに、ワシントンが独立戦争に身を挺《てい》した根本的理由が要約されている。総司令官としての彼にみなぎっていたものは、自分の職務を遂行しようとする献身的な気持であり、絶望とも思える事態に処して、自己を支えた勇気と忍耐力と自尊心とであった。

ワシントンは、自分自身納得のいくような行動を採るにはどうすればよいか、ということを示した人間の典型だといえよう。

II

サミュエル＝アダムズ
——「アメリカ革命のカトー」

急進的革命家

❖アダムズのイメージ

われわれがアメリカ独立宣言書の写しを見る時、第一に気がつくのは、五六人の署名の最上段にあるジョン＝ハンコックの人一倍大きな筆跡であり、俗説では、強度の近眼のジョージ三世でさえすぐそれがわかったといわれている。サミュエル＝アダムズ、通称サム＝アダムズの署名もすぐ下にあるが、それは余りにも目立たなく、また生涯彼につきまとった手足のしびれ《ボールジー》を実証するかのように、筆跡はかすかに震えてさえいる。しかしこのサムこそ、王党派からは「放火の張本人」として最も恐れられ、愛国派からは、古代ローマの愛国者カトーにちなんで「アメリカ革命のカトー」だと信頼され、一三植民地を独立へと踏み切らせた第一人者であった。

ところが、独立達成後のサムの後半生はどのようであったのか。彼はかつての栄光とは逆に、

マサチューセッツ代表による独立宣言書への署名

むしろ不本意な公生活に甘んじなければならなかった。なるほど彼は、いちおう邦（州）政府の要職に祭り上げられはした。しかし実際には指導力を与えられず、一八〇三年、八一歳の高齢で世を去る晩年には、行きかう人々の注意をさえほとんど引かなかったという。一世代近くを経過して、独立戦争はもはや人々の記憶から遠ざかってしまったからだ、ともいえるだろうが、問題はもっと深く、サムの人間性それ自体のなかにあるように思われる。第二章は、サム＝アダムズについてのこれまでの通念がどのようであったかから出発して、これに若干の疑問を呈し、別の解釈を用意することによって、植民地独立への彼の動機と実際活動とに触れ、ひいて、いわゆる「アメリカ革命のカトー」の人間像を再構成しようとするものである。

サム＝アダムズについての通念は、一九世紀中ごろ、歴史家のジョージ＝バンクロフトが打ち出して一般教科書のなかに採用され、さらに以後一世紀近くをへて、歴史家・文学者ヴァーノン＝L＝パリントンによりアカデミズムの領域にまで普及せしめられた、最も徹底した急進的民主主義者としてのその人間像である。

パリントンはいう。サムは人民主権論に依拠して、町集会《タウン・ミーティング》を基盤とした純粋な民主主義を信じ、いかなる形の混合政府――それが国王・貴族・平民からなるものであれ、共和制を採りつつ抑制と均衡の原則に従ったものであれ――にも反対した。彼にとって、専制とは常に少数者がもたらすものであり、人民大衆にはかかわりのない事柄であった。彼の考えは終生変わらなかった。すなわち、フランス革命に対してはジャコバン同調者であり続け、最後まで反連邦主義者《アンタイ・フエデラリスト》としての自己をつらぬいた。なるほど、彼は「デモクラット」という言葉の使用に細心の注意を払ったが、彼こそ同時代のアメリカ人のなかで最も徹底した民主主義者であり、偉大な民衆指導者、すぐれた政治的作戦家であり、政治的リアリズムの鋭い学究であった。この意味でサムは、アメリカ政治的民主主義勃興の歴史上、際立った位置を占めている、と。

いかなる形の混合政府をも非とした純粋な民主主義者、終始変わらぬ強硬な反連邦主義者、といった以上のサム＝アダムズ観に対しては、若干の疑問が提出される。まず、一七八〇年のマサチューセッツ憲法制定当時、サムは抑制と均衡の原則に立脚した混合政府に賛成であった。一三の邦憲法中、保守の一つと目されるこの憲法を、彼はリュクルゴス以来の最も合法的なものと称賛している。一般に愛国派内の保守と急進とを分かつ一つのメルクマールは、従来どおり財産を基準にした制限選挙を肯定するか、新しく男子普通選挙制を求めるかにあったとされているが、サムは八〇年憲法に規定された資格制限に同意していた。宗教問題についてみても、同憲法第三条に洗礼派、クウェーカー派、イギリス国教会派など、公立教会=組合教会に属さない諸宗徒への課税をうたい込ませたのは、ほかならぬサム自身であった。とりわけ、カトリック教徒にはきびしい態度で臨んだ。つまり、一方ではプロテスタント教会の公立教会化を国家的に支持すべきだとし、他方では、カトリック教徒が公職につくことを悪と断じているのである。

邦憲法制定の際に示されたサムの態度は、数年後マサチューセッツ西部を襲った農民反乱への彼の対応にも現れている。民主主義運動として植民地時代から間断なく起こっていた農民運動の一齣《ひとこま》であり、ジャクソン時代の民主主義運動にまでつながると考えられているシェイズの反乱を、彼は極力阻止することに努めたのであった。とすれば、一体サムは急進的民主主義者であったのか。これまでの通念はどこが間違っており、どこまでが正しいのか。サム=アダムズの人間像を真に公正に描くことは、まったくむずかしい作業だといってはばからない。

しかし、アメリカの独立まで一貫して急進的であったサムが、独立の達成後、掌《てのひら》を返して保守派にくみしたり、さらに後には反連邦主義者に逆戻りしたといったようなことが、果たしてあり得たであろうか。彼は、アメリカ革命史の研究者たちがしばしば無造作に用いているようなう意味で、ラディカルであったのだろうか。別の視角からすれば、サムは終始一貫していたのであり、それゆえにこそ、アメリカ独立当時の栄光と後半生での脱落とがもたらされたので

サミュエル=アダムズ

はなかろうか。もしそうだとすれば、サムが最も急進的な革命家であったという通念は、政治的リアリストと規定したパリントンとは違った意味合いで、再確認され得るのではなかろうか。そしてこのような問題提起は、サムにおける急進性それ自体の意味内容にかかわってくるのではあるまいか。

❖敬虔なカルヴィニストの家庭で

サム＝アダムズは従兄弟《またいとこ》のジョン＝アダムズに先立つこと一三年、一七二二年九月二七日の正午、ボストン港をはるか一望に見渡すボストン‐サウス‐エンドの広大な家に、富裕なビール類醸造業者の第四子として生まれた。後年ハーヴァード大学に学んだ彼の名簿が、二二人の同級生中五番目であったということからも、同家の豊さと高い社会的地位とがうかがわれる。

そのように、父サミュエルは手広く醸造業を営むかたわら、郡治安判事、ボストン市役員《セレクトマン》、代議員を勤めたことがあり、また「アダムズ執事《ディーコン》」の通称が示すように、オールド‐サウス教会にはなくてはならない人物であった。父が組合教会関係の有力者であったということは、母メアリーがこれまたきわめて敬虔なカルヴィニストであり、息子を聖職者にするのを生涯の楽しみにしていたという事実と相まって、サムの生い立ちに大きな影響を与えている。ちなみにサムは第四子であったが、五歳上の姉メアリーを除いて、他は赤ん坊の時に死亡してしまったため、彼は一人息子といってよかった。

敬虔なカルヴィニストとしての家庭環境に育てられたサムの強い宗教的精神は、彼がラテン語学校を終えて、三六年ハーヴァードに入学するようになってから、はっきり行動のうえに現れることとなる。すなわち彼の大学院在学中、例の「大覚醒《グレイト・アウエイクニング》」と呼ばれる精神運動がニューイングランドに広がり、ハーヴァード大学もその一大中心となったが、積極的な運動参加者の先頭にはいつもサム青年の姿が見られた。彼の目は濃紺で額は広く、口やあごは意志の強さを示していたが、背たけは普通であり、とても偉丈夫とは見受けられなかった。だが、大覚醒運動の指導者ジョナサン＝エドワーズの人となりやその著作から受けた感銘は、まさに異常ともいえた。そしてエドワーズへの傾倒振りは、彼が古代ローマの歴史および文学を専攻したということと決して無関係ではなかった。けだしローマの没落は、もしニューイングランド人が清教徒の美徳を失うならば、ここにも起こるであろう「恐ろしい先例」と考えられたからである。こうして彼は、ローマ共和制の最良の時代とニューイングランドへの清教徒移住の初期との類似性に思いをはせたのであった。

これまで見たような青少年時代のサムを念頭に置けば、後年の彼の言動もなるほどと納得がいく。たとえば、独立戦争が終わった翌年の一七八四年、ボストンに舞踏会とカルタ会が設けられ、一六歳以上の子女は入会可能だという噂《うわさ》を聞いた時、彼の驚きは非常なものであった。それは、道義への一大脅威だと感じられた。ギリシア・ローマの歴史は、市民が勤倹の美徳を失う時、いかに国家の滅亡をもたらすかの、まごうかたない例証だ、と彼には思われてならなかったのである。英本国への対応の仕方をめぐって、大陸会議でサムと真っ正面から衝突したジョーゼフ゠ギャロウェイは、政敵アダムズをつぎのように評している。「寝食少なくして多く考え、しかも自己の目的の追求に当たっては、いちじるしく決断的かつ不屈である。」やや皮肉なニュアンスをもってではあるが、ギャロウェイは以上の言葉をとおして、敬虔なカルヴィニストとしてのサムを的確に表現したのであった。

しかし、われわれにとっての当面の問題は、サムの宗教性がどのように政治活動と結びついたかという点にある。そしてこの点についても、「アダムズ執事」がフランス軍やインディアンとのたび重なる戦闘経験から、別名「アダムズ大尉」とも呼ばれて、ボストン著名の政治集会「コーカス゠クラブ」の中心人物であったことが、家庭環境の影響という意味合いで象徴的意義を持っている。父親が愛息を連れてコーカス゠クラブに出入りした光景は、筆者の単なる憶測ではない。だが、宗教性と政治活動との結びつきという点でも、先の宗教性の場合と同様、サムのハーヴァード時代が大きくクローズ＝アップされなければならないのである。そしてこの結びつきには、英本国の対植民地規制にからんだアダムズ家の経済的没落が関連している。サムがハーヴァードの大学院学生時代であった四〇年代前半は、大覚醒運動とその影響という点からも、また英本国の対植民地規制とその影響という点からも、まさしくサムの生涯を決定する重要な時期だったのである。

❖「アダムズ大尉」の破産

ここに英本国の対植民地規制とは、一八世紀初めから各地に起こった通貨闘争、つまり植民地債務者層の通貨膨脹運動に対処するその引き締め政策であった。一七三〇年代のマサチューセッツ通貨闘争も、その例にもれないのである。

ところで、マサチューセッツでの紙幣使用は一六九〇年に始まり、当時カナダ遠征費をひねり出すため、年四万ポンドの紙幣が発行された。しかし、正貨ないし鋳貨の欠乏を補うための間断ない紙幣発行は、いきおい通貨下落の原因となり、一七三〇年代には、一世代まえ一オンスの銀に相当した証券がわずか五分の二に下落してしまった。本国政府は総督ジョナサン＝ベルチャーを通じて、種々対策を講じたが、他方、農民や小規模な実業家などマサチューセッツ債務者層は通貨収縮政策に反対し続け、どのようにしてなお証券発行を行うかを緊急の課題とした。彼らの行きついた結論が、ロード＝アイランド、サウス＝カロライナおよびペンシルヴェニアの例にならった土地銀行《ランド・バンク》の設置であった。それは土地を抵当とし、三パーセントの低利子で農民その他に融資するため、一五万ポンド分の証券を発行しようというものであった。現に、マサチューセッツ土地銀行は四〇年九月に営業を開始し、約一〇〇〇人の申込者に四万九二〇〇ポンドを与えている。「アダムズ大尉」が当銀行の有力理事であったということに、まず注意しておこう。

これに対し、債権者＝大商人層も黙ってはいなかった。彼らは総督ベルチャーと結託して土地銀行発行の新証券を否認し、代わりに一五年後銀で回収されるべき別個の証券を発行するため、銀銀行《シルヴァー・バンク》なるものを設立した。そればかりではない。債権者＝大商人は総督をとおして、本国政府に保護を求めた。そこで、イギリス国会は泡沫条例《バッブル・アクト》と呼ばれる法令を植民地に適用した。要旨は、イギリス国会の許可なくして営業されている諸企業を違法としたものである。この法令はすでに一七二〇年に制定されていたが、植民地に適用され、かつ土地銀行にまで規制範囲を拡大したのは、四一年、つまりサムの大学院一年の時が最初であった。権力政治家の典例としてサムの宿敵となったハッチンソン家が実力を持った商家であり、土地銀行反対派の急先鋒であったという事実も、この際注目されるべき一点であろう。

さて泡沫条例によって、土地銀行の関係者はたちまち破産にひんした。違法組織という理由で、土地銀行は契約を実行することも、貸付金を回収することも許されなかった。いまや、銀行名義人の多くは大商人への負債を支払うことができなくなった。債権者が名義人に極力支払わせようとしたことも、事態を一層紛糾させた。こうしてついに、土地銀行家の大半は破産した。「アダムズ大尉」は最大の犠牲者となったのである。

四一年の春、サムの前途が真っ暗になったエピソードを、以下に記しておこう。

ある日、彼は家族に会うため、(大学から)家に帰った。家のなかにはいった途端、何か悪いことが起こっていると直感した。母親を抱きしめた時、母親は無言であり、顔には憂慮の色が浮かんでいた。今度は父親と手を握り合ったが、この老人は息子から視線をそらした。

アダムズ大尉はいった——「サミュエル、居間へおいで。おまえに話さなければならないことがあるのだ。」

父親は息子に座わるよう命じたが、自分自身は立ったままでいた。話していくうちに、彼は行ったり来たりしだした。額にしわを寄せ、目は不安と絶望とでよどんでいた。

突然アダムズ大尉はいった——「おまえ、土地銀行が駄目になったのだよ。」

サムはびっくりした。だが、父親のいっていることが自分と家とにとって、どういうことになるのかわからなかった。

サムは元気よく答えた――「お父さん、気にしなさんな。世界が終わったわけではないのです。お父さんにはまだ醸造所があります。それに、ボストンでは重要な人でもあるのです。市の役員だとか……」

父親はさえぎった――「おまえがわかっていないから心配するのだ。もうロンドンの国会が、土地銀行の運営を禁止する法律を作ってしまった。そのため、われわれの通貨は無価値となる。（土地銀行）証券の所有者たちは硬貨でこれを回収するよう、われわれに要求している。われわれには硬貨がないから、彼らは、土地銀行の理事たちが抵当に入れた財産を取ろうとしているのだ。私の醸造所や、この家を……」

アダムズ大尉は立ち止まって、息子をじっと見た。「ということは、私が没落するということなのだ。」――と彼はいった（C＝L＝オールダマン著『サミュエル＝アダムズ――自由の子』一九六二年出版より）。

❖革命家への胎動

一家破産の危機に直面して、サムは、大学院を中退しすぐ就職するつもりであった。両親の勧めで在学を決意したものの、その後の彼の学生生活には異変が見えた。ただでさえ贅沢《ぜいたく》な生

サムと並ぶマサチューセッツ民衆指導者　ジェームズ=オーティス（左）とジョン=ハンコック（右）

活を好まないタチであったが、いまや彼は進んで学生食堂の給仕となり、自力で学費と食費とをかせいだ。クラスの五番目にランクされた入学当時を振り返ってみれば、身の上に起こった大きい変化であった。そしてそうこうするうちに、一七四三年七月、大学院の終業式が近づいてきたのである。

総督ウィリアム=シャーリーが来賓として出席した目のまえで、学長ホーリヨークが読み上げたサムの修士論文題目はつぎのようであった。「共和制国家がこれ以外の方法では維持されないとする場合、最高行政官に反抗することは合法的であるか。サミュエル=アダムズによる同疑問への肯定的見解」　ラテン語がよくわかる総督は、驚きの目で学長を見た。「これはどうしたことだ。ハーヴァード大学の学生ともあろう者が、国王への反抗を肯定するような論議を許されてよいのか」と。ついで総督は、不審の目を壇上に進む青年のほうへ向けた。「この青年は誰か。サミュエル＝アダムズ……そうだ、あの土地銀行理事の子供に違いない。」総督はコーカス－クラブの中心人物「アダムズ大尉」をよく知っていた。「この青年には気をつけなければならない。」これがシャーリーの抱いた直観であった。現に、サムの論文はつぎのような内容を持っていた。キリスト教的協同国家の理想から逸脱した社会を改革するためには、革命を正当化する以外に道はない、と。当時の彼にまだ植民地独立への具体的方策はあり得ようはずがなかったけれども、後年誰よりも先に到達した独立への決意は、こういった理想主義的世界観のなかにすでに胎動していたのである。

修士論文の題目と内容とから明らかなように、サムのいう共和制国家とは世俗的な国家ではなくて、カルヴィニズムに基盤を置く宗教的協同国家であった。彼はロックやハリントンをはじめ、幾多の政治思想家の著作に親しみはした。しかし、最も感銘を受けたのはジョナサン＝エドワーズの人となりと著作とであり、彼はこれを根拠にしてロックの政治思想を応用した。理性によって「われわれは摂理の諸計画を発見することができる」。だから、理性に根ざした「立派な立憲的国家」こそ、神に対する「忠順の真の対象物」なのである、と。このようにサムはロックのいう自然権を承認し、自然権の原理にもとづいて自己の政治哲学と政治的実践を裏づけようとした。しかし、自由とは「自己自身の自由以外の……何ものでもない」と定義したような、手放しの個人主義には、あくまで反対であった。彼が理想に描いたのは、どこまでもキリスト教的協同国家であった。ジョン=ウィンスロップ（一五八八〜一六四九）からコトン=マザー（一六六三〜一七二八）に至る時代を最後として、マサチューセッツ社会は贅沢《ぜいたく》となり形式主義に堕して、カルヴィンの意志から遠ざかった。享楽に明け暮れる富裕者どもが政治や社会をわが物顔に支配するようになったのも、摂理に反した証拠である。これをもとに戻して、ボストンを世界の「キリスト教的スパルタ」へと矯正《きょうせい》しなければならない、というのであった。

つまりサムにとっては、革命とは単に植民地が独立国家をつくる以上のものでなければならなかった。それは社会を純化し、風俗・道義を一新し、いま一つのピューリタン時代への道を開くべきものであった。そのための最大の武器こそ、彼が得意とした宣伝《プロパガンダ》の技術であった。しかし彼の場合のプロパガンダとは、今日考えられるようないやらしい、偽りの、ゆがめられたニュアンスを持つものではない。エドワーズにとってもサムにとっても、それは聴衆を相手にして自己の信念をそのまま伝える《プロパゲイト》ことであり、なんらの作為をも含むものではなかったのである。

❖ 理想主義的国家像

こういう点にも大覚醒運動時代の「宣伝」の意味が、したがって、エドワーズ的人間とサム的人間との類似性が認められる。敵がたのギャロウェイが指摘したように、まさしくサムは「政治的プロテスタンティズムの支配」を実現しようとした人間であった。大覚醒運動を最後の燈火として、その後ピューリタニズムが世俗化の方向をたどったニュー＝イングランド社会にあって、すなわち、カルヴィンの協同主義哲学を離れてアダム＝スミス流の個人主義哲学へと接近した、ボストン＝ウェスト教会の聖職者ジョナサン＝メイヒュー（一七二〇〜六六）のように、世俗的な経済的・社会的配慮から反英運動を行った型の清教徒が圧倒的多数を占めていたニュー＝イングランド社会にあって、サムこそはエドワーズの伝統をつぐ「最後のカルヴィニスト」ともいうべき純粋な人間であり、前向きではなくて、むしろ後向きの理想主義者といってよかった。

こうした理想主義者であったからこそ、サムはアメリカ革命史研究者たちが一般に用いるような意味でのラディカルではなくして、なお真に革命的であり得たのである。人間の条件の根本にまで深く思いをはせ、人間性を支えかつ拡充するための段取りを見つけようとした人間、そういう根源的な意味でサムは急進主義者といえようが、ラディカルという言葉で革命史家たちが一般に呼んだような部類に属する人ではなかったのである。

以上の解釈を正しいとすれば、独立戦争中および戦後のサムの言動も、変節だとか保守的変化だとかを意味するのではなくて、首尾一貫した人間として把握《はあく》できるのではあるまいか。確かに一七八〇年において、彼は財産を基準にした制限選挙に反対ではなかった。そのようなことは、彼の中心的な革命目標ではなかったからである。プロテスタンティズムの公立教会化を国家的に支持すべきだという考えについても、同様である。彼にとって、プロテスタント教会は強固な協同社会的倫理大系を持ち、無政府状態から人民を守る強力な防塞だと信じられたからである。

シェイズの反乱に対するサムの態度も、変節とはいい切れない。ルターの動機がドイツ農民戦争の際の農民の動機と無関係であり、彼が反抗農民に好意を持ち得なかったそれ以上に、サムは西部反抗農民をにくみ、これを絞首刑に値する反逆者と見なしている。彼の目には、シェイズ派が植民地独立の原理に立脚した人民の諸権利の擁護者とは、どうしても映らなかったのである。彼は主張する。「自由のための闘争は終わった。みずからの手で打ち立てた憲法のもとに生きる人民ほど、自由な人間はあり得ない。マサチューセッツ西部の市民が不満を持つという以上、彼らは選挙において（暴力に訴えてではなく）これを表明すべきである。」ある歴史学者が指摘しているように、サムにはボストン的=都会人的限界性があったかもしれない。しかし彼の言動の根底には、一つの信念があった。すなわち、キリスト教的協同国家の具象たるべきものとして自分たちが勝ち取った革命秩序は、これをどうしても守り抜かねばならない、というのである。

このように首尾一貫して理想主義的な、そしてそのためには厳格にさえ過ぎたサムのキリスト教的協同国家の理念こそ、彼を独立戦争へと駆り立てた原動力であった。彼が到達した栄光はこういう理想主義=純粋性からほとばしり出た、ひたむきな政治活動の賜物にほかならない。しかし、ひとたび植民地独立が達成された暁、この理想主義=純粋性はかえって彼を政治の中心的存在から脱落させ、後半生に悲劇性を漂わせる原因ともなる。われわれの視点もどうやら、サムの実際的政治活動にまで移行したようである。

栄光から失意へ

❖多彩な政治活動

話をもとに戻そう。さて大学院終了後のサムの経済生活は、勤め先の会計事務所を数か月でとび出したり、家業の手伝いをして気の進まぬビール醸造に携わるなど、余りぱっとしたものではなかった。こうした矢先の一七四八年、大学院修了後五年目に、彼は父親を失って家業は不振となり、翌年めとった妻も、八年後には死去した。二人の子供を残され金銭にも事欠いたサムに、不幸は引き続いてやってきた。妻の死から一年後の五八年八月のある日、『ボストン-ニューズ-レター』紙の一面に、彼は郡執行官の署名になるつぎの告示を見いだした。

ボストンの取引店（エクスチェインジ-タヴァン）で公売のこと。

土地銀行計画をより迅速に停止させるべく、故サミュエル＝アダムズ氏の残りの財産——隣接の庭と土地を含む住宅、醸造所、その他の建物、および当該建物のまえにある波止場・船渠《せんきょ》、倉庫――を、明日正午、担当行政官の署名・捺印《なついん》をもって押収処分に付すべきものなり。

まだ尾を引いていた一七年まえの土地銀行問題が、いまきびしい措置によって最終段階へと到達したわけである。サムは愕然《がくぜん》とした。自分も子供も住む家はなくなるだろうし、家業はまったくできなくなる。妻に先立たれ、信心厚い母親とは別れ別れになっていた彼は、まことに心細かった。当時、四〇の坂に近くなって、サムは敗北者であった。

しかしこのように不本意な、不幸な家庭生活のなかから、サムは活発な政治活動を続けていったのである。すでに四七年、彼は友人たちとはかつて秘密の政治クラブをつくり、独立新聞（『インディペンデント-アドヴァタイザー』）を発刊して、活動のスタートを切った。彼が論陣を張ったのは、ロックを応用したキリスト教的協同国家論の正当化であり、本国の圧力およびこれにつながる植民地権力政治を、理想の実現をはばむものとして断固排除すべきだ、という点であった。

こうした集会・文筆活動を通じてサムは、かつて「アダムズ大尉」がそうであったように、コーカス-クラブの有力メンバーとなっていった。六一年、ハーヴァード時代の二年後輩ジェームズ＝オーティスと共に一般捜索押収令状《リッツ・オヴ・アシスタンス》に反対し、ついで六四〜六五年、オーティスや従兄弟のジョンと共に砂糖条例および印紙条例に反対した当時、サムはボストン政界によく知られる存在となっていたのである。印紙条例反対の急先鋒をつとめた都市の急進結社「自由の子ら《サンズ・オヴ・リバティ》」の、その名称が、イギリス国会でのアイザック＝バレ代議士による演説に端を発したことは、よく知られている。だがこの言葉の適用を考え、これをキャッチ－フレーズにして植民地側の意気を高揚させようとしたのは、彼サム＝アダムズであった――このエピソードは必ずしも周知ではない。

印紙条例をめぐる興奮の真っただなかに、サムは空席をうめてマサチューセッツ議会にはいり、以後、七四年開催の第一回大陸会議に出席するまで、議会書記という重要ポストをほぼ独占して、単にマサチューセッツだけでなく、植民地連合形式による反英運動に大きな責任を持つこととなった。

まず印紙条例に対しては、一三植民地最初の主体的・非合法的な連合会議――結果的には、九植民地の代表からなる印紙条例会議――の開催を提唱し、また印紙なしで裁判所事務を続ける対策委員会を組織した。

タウンゼンド条例に対しては、国王および大蔵大臣への請願書にとどまらず、他の一二植民地あて回状を作成し、有効な抵抗方法としてイギリス製品不輸入協定の採択にも奔走した。

イギリス軍のボストン到着（六八年九月）と「ボストン虐殺」事件（七〇年三月）に対処しては、「一五人委員会」と称する対策委員会の長として、イギリス兵を市内から撤退させるよう、強硬に政府当局と交渉した。このころサムはオーティスと並んで、反英運動の最も際立った存在であった。

しかし七〇年の春、タウンゼンド条例の部分的撤廃は、反英運動にとって一大試練となった。以後三年間にわたる、いわゆる「静穏の時期」にあっては、指導者のほとんどすべてが反英運動から離れていった。ジョン＝アダムズは政治に見切りをつけて、故郷のブレイントリーに帰ってしまった。後に大陸会議議長となるジョン＝ハンコックも熱意を失って、家業に精を出すようになった。第一人者のオーティスにいたっては、本国への忠誠精神が頭をもたげてきた。かつて印紙条例一揆の直接指導者であった靴屋のマッキントッシュという男がマサチューセッツ外に追放された事件は、「静穏の時期」を象徴する出来事として興味深い。こうして、サムだけが取り残された感じであった。究極の手段＝植民地独立をはっきり意図したのは、彼一人といって過言ではなかった。そして、それゆえにこそ、アメリカ革命の第一人者としてのサムの真髄が認められるのである。

❖歓喜の朝

一七七一年当時、サムがボストンの諸新聞に載せた論文は四〇の多きにのぼる。そして当時、究極の手段＝植民地独立のための第一歩として彼が抱いたアイディアは、最も下部的な細胞組織、つまりタウンを中心とした地方通信委員会《コミテイ・オヴ・コレスポンデンス》の結成であった。七二年一一月二日、ついに彼はボストンでこれに成功し、みずから委員長となった。地方通信委員会は波紋を描いてメトロポリスから地方へ、マサチューセッツから他の領地へと広がっていくであろうし、さらに多角的に郡単位の、また植民地と植民地を結ぶ同様な組織もつくられるであろう。いや、是が非でもそうさせなければならない。これがサムの第一の抱負であり、決意でもあった。時は「静穏の時期」の真っ最中であり、この時期にすでに彼の独立思想は決まっていたのである。続いて明くる年の夏、彼はマサチューセッツ議会で総督トマス＝ハッチンソンの本国あて書簡をあばき、その政治的生命を絶った。一世代まえ家を破産に追いやったばかりか、富裕な商人として不輸入協定反対その他で、いつも自分の行く手に立ちふさがった宿敵――サムにとっては享楽の化身――を葬ったわけである。こうしてつぎに、事態は「ボストン茶会」へと進展することになる。

　七三年一二月一六日の夕方、オールド‐サウス教会での集会で、サムは一席の演説をぶった。彼は茶のことにはいっさい触れず、一つの物語を説いて聞かせた。

　草の上で居眠りをしていた、あるギリシアの哲学者が、自分の掌《てのひら》を何か動物に嚙まれたので、目を覚ましました。目を覚ました途端、彼は掌を閉じ、野ねずみ一匹つかまえたと思いました。こともあろうに攻撃してきたこのちっちゃな動物の様子を見ているうちに、野ねずみはもう一度彼を噛みました。彼は動物を下に置いて、逃がしてやりました。ところで皆さん、こういうちょっとしたことにせよ、彼がどう反省したからやったのだとお考えですか。実はこうなのです――どんなに弱く、また情けない動物でも、自由のために戦うなら自由を守れるものだ、ということなのです。

満場、寂《せき》として声がなく、水を打ったようにしんとなった。続いてジョン＝ハンコックが壇上に立ち、「茶を陸揚げさせてもよいのか」と切り出した。「ノー」という大反響が起こった。日没に近く、雨はやんでいた。この時、一階で誰かが「群集だ！　群集だ！」と金切り声をあげた。インディアンに変装した人たちが、入口に立っていた。そして物につかれたかのように、参会者たちは口々にわめいていた――「茶会だ！　茶会だ！」「今夜茶びんをボストン港に！」「モホーク族について行け！」……と。サムの顔には、ありありと勝利の色が見えたのである。

こうして「ボストン茶会」は始まった。サム自身がモホーク族に変装した群集にまじって、茶船を襲った。これまで彼は、群集に同調して暴力行為に出るということはなかった。印紙条例一揆の時もそうだったし、「ボストン虐殺」事件の時も同様であった。いま彼自身が、このような行動に出たのである。近くの教会の鐘は八時を告げ、雨上がりの空に寒月がかかっていた。

茶会に対するイギリスの報復（一七七四年の強圧的諸条例）にも、サムは断じてひるまなかった。それどころかこの機に乗じて、彼は植民地独立をもたらす第二のアイディアの実現に成功した。このころすでに、彼が抱いていた第一のアイディアは実を結び、地方通信委員会はアメリカ全土に蜘蛛《くも》の巣のごとく張りめぐらされていた。こういう基礎工作のうえに、まず彼は従来の植民地議会に代わる協議会《コンヴェンション》をつくって、ほぼ地方通信委員会委員で構成させ、他方では第一回大陸会議の開催に漕《こ》ぎつけることができた。そして、彼みずからマサチューセッツ代表の一人としてフィラデルフィアにおもむき、緊急対策と考える対本国通商断絶同盟、つまり「不輸入、不輸出、不消費」をめざす大経済同盟の結成に成功した。

しかもこの間、サムに鍛え上げられたボストン通信委員会は「厳粛な連盟と規約」を作成して、イギリスとのいっさいの取引の停止およびイギリス製品の不消費を決定したし、彼が設立に努力したマサチューセッツ協議会はサフォーク郡協議会での決議を採択して、マサチューセッツ全体が革命状態にはいったことを明らかにした。ボストンが所在するサフォーク郡の決議とは、以下のとおりである――㈠各タウンごとに強力な民兵を募集し、戦闘訓練をさせる。㈡ボストン港閉鎖をはじめ、イギリスが採った強圧的措置に断固反対する。㈢課税はマサチューセッツみずからが行う。㈣不輸入行為の再開のみならず、イギリスとのいっさいの通商を停止する。まさしく、サムにとっては念願の事態がおとずれたのであった。

七五年四月一八日の真夜中、レキシントンにいたサムとハンコックとは、急を知らせるポー

レキシントンに急を知らせるレヴィアとドーズ

ル＝レヴィアに寝台からたたき起こされた。サムは第一回大陸会議での仕事を終えて帰郷し、保安委員会の指導的人物として武器・弾薬の配給および確保、民兵の組織化と訓練に当たっていた矢先であった。この両人は急《きゅう》遽《きょ》レキシントンを去り、五月一〇日に開催予定の第二回大陸会議に出席するため、フィラデルフィアに向かった。そして途中、彼らはレキシントン―コンコードでの戦いの知らせを受け取った。サムはハンコックにいった。「なんという素晴らしい朝だろう！」そして事実この日こそが、彼の生涯の最良の日だったのである。

❖不本意な後半生

確かにサムは、翌月から開かれた第二回大陸会議でも重要人物であり続けたし、翌一七七六年八月には、アメリカ最大の歴史的文書である独立宣言書に調印する喜びを持った。そして以後八一年まで、大陸会議のマサチューセッツ代表として数多くの委員会に関係し、連合規約起草委員の一人にも選ばれた。この限りにおいて、彼の努力は報われたのである。しかし、独立宣言書の起草委員という得難い光栄は、従兄弟のジョンには与えられても、ついにサムの身にはおとずれなかった。誰よりも植民地独立へと粉骨砕身した彼にとって、不本意なことであったに違いない。

大陸会議を辞して邦政治に戻ってきた時にも、これに似たような運命が待っていた。サムは邦憲法の制定に関与した後、立法部にはいり、一時は上院議長という名誉職に祭り上げられたこともあり（一七八一）、八八年には合衆国憲法の批准問題にも一役買った。ついで八九年には州副知事となり、九四年には州知事という、見掛けのうえでは州政治の最高権威となった。だが彼が副知事にまで漕ぎつけたのは、選挙戦でのたび重なる敗北をなめた後であり、それも、かつては彼の指導を仰いだ後輩連中に敗れるという憂き目を見た後であり、彼が州知事になったのは、かつての同僚である知事ハンコックの急死による僥倖《ぎょうこう》にすぎなかった。

なるほどサムは、以後三年間、知事職を勤めた。しかし州知事としての彼は、連邦主義者《フェデラリスト》の支配という時代傾向のなかで、自己の政治的勢力を大きく失っていった。連邦のうちフェデラリストが最も強い勢力を持つマサチューセッツ州において、性格からいっても敵の多いこのフェデラリスト知事は、実質的な指導権を握ることができなかった。事実、州知事としてのサムには、天馬空を行くような往年の活力や人気は見られない。連邦政府の発足に当たって彼が連邦議会に打って出て、これまた惨敗を喫した事実も、この際指摘する必要がある。

それだけではない。サムが州副知事になった時、一三歳年下の従兄弟ジョンは連邦政府の副大統領に就任したし、九七年、彼が失意のうちに公生活から引退した時、ジョンは第二代大統領に就任するという栄光のきわみにあった。

こうして、サムの後半生は不本意であり孤独でさえあった。連邦議会に打って出て、若いボストン弁護士に一敗地にまみれたその年、彼は一人息子を失った。息子サミュエルは軍医として従軍したが、戦時中の無理がたたって、三七歳で世を去ったのである。従兄弟のアダムズ家の繁栄とは対照的に、サムのアダムズ家は絶えてしまうこととなる。家族は、彼が四二歳で結婚した後妻のベッチーと、たったの二人暮らしであった。

❖最後のカルヴィニスト

七五歳で公生活を退いてからのサムは、ボストン郊外の家を出て市内へと散歩を楽しんだ。郊外に移ったのは、戦時中にもとの家が破壊されてしまったからである。至るところに独立戦争の思い出があった。しかし行きかう街の少年・少女たちは、この白髪の老人が「アメリカ革命のカトー」だとは気づかなかった。たとえ気づいたとしても、それほど気にはかけなかった。彼らにとって、印紙条例やタウンゼンド条例は教科書のなかの退屈な出来事にすぎなかったし、「ボストン茶会」なども実際あったことなのか、と疑わしいくらいであった。確かに世の中は変わったのである。

だがしかし、現実政治の指導性を失っていったサムの人間像は、独立が達成されてかつての

サミュエル=アダムズの墓　ボストン市内

革命的情熱が次第に失われたり、やがては世代がすっかり変わってしまった、というような客観状況だけで説明がつくものではない。問題はサムの人間性、つまり、彼の場合の急進性それ自体にかかわってくる。キリスト教的協同国家を実現させようとする彼の意図は、純粋ではあった。そしてその純粋性のゆえにこそ、彼は誰にも増して独立運動に挺身《ていしん》することができた。しかし彼の場合の純粋性は、大覚醒運動を最後の燈火として明滅していく、むしろ後向きの理想主義にほかならなかった。いわば、彼は「最後のピューリタン」ではなくて「最後のカルヴィニスト」であり、世俗化していくピューリタニズムの時代傾向からはずれた存在であった。

ここにサムが自他ともに不寛容となり、同じピューリタンであり、かつては共に独立運動を推進した同僚や後輩からうとんぜられる原因があった。州政府のポストや連邦議会の議席をめぐって、容赦なく彼を相つぐ敗北へと追いやったのは、すべて以前、彼が面倒をみてやった後輩たちであった。また彼は、最も親しく最も可愛がっていたハリソン＝G＝オーティス（ジェームズ＝オーティスの甥）にもきらわれ、植民地独立の真意を論じて従兄弟のジョンからも離れられ、生涯の最良の日を喜び合った同僚のジョン＝ハンコックとも不和になった。ウィンスロップやマザーの時代を再興しようという、サムのやや愚痴《ぐち》っぽい言い分に、ハンコックはなんら共感を持たなかったのである。他方サムにしてみれば、豪奢な生活をするハンコックは享楽の化身、自分の宿敵ハッチンソンの再来ぐらいだとしか思われなかった。舞踏会やカルタ会が設けられ、一六歳以上の子女が入会可能だなどとは、とんでもないことであった。あくまで粗衣・粗食に甘んじ、ボストンを世界のカルヴィニズムの中心地とするよう心掛けねばならない。自己自身にきびしいと同時に他人にも厳格な、カルヴィニズムに根ざしたリゴリズム、これがいまは彼の政治的脱落の原因となったのである。

一八〇三年一〇月二日、サムは後妻のベッチー、他家にとついだ娘およびその子供に見守られて世を去った。死の翌日、ユニテリアン教会の始祖ウィリアム＝ベントリーは日記にこう書いている。

アダムズは政党や権勢や時代に順応することなく、生涯をつらぬいて共和主義の原則を維持した。彼は敵がたに恐れられたが、胸襟《きょうきん》を開いて友人たちに愛されるということもなかった。友人たちの間では重要視されながら、彼は友人たちに信頼を置かなかった。……彼は礼儀作法ではカトーの厳格さを、宗教上の勤めでは聖職者の独断的態度を保持していた。

サム=アダムズの人間像の大体をいい表したものといえよう。一世代まえに「アメリカ革命のカトー」と呼ばれて栄光の頂点にあった最後のカルヴィニストの、これはわびしい最期であった。

III

ジョン＝ディキンソン

――和解派の闘将

帝国和解の道

❖白熱した大陸会議

一七七六年六月一〇日――この日、大陸会議では、三日まえリチャード＝H＝リーによって提案された「独立の決議」を審議する会議が、午前一〇時から夜の七時まで続けられた。武力衝突はすでに、一年以上もまえから始まっていた。国王への再度の請願書も国王の目を通らず、七五年一一月の七日と二六日とに、国会の上下両院でそれぞれ却下されてしまった。他方、植民地は植民地で、『コモン-センス』の公刊により対英急進派は好都合な理論的根拠を与えられ（七六年一月八日）、イギリス以外の国との貿易再開のため、港が開放された（四月六日）。そしてノース-カロライナ協議会にいたっては、独立宣言賛成の旨を大陸会議代表に伝達し（四月一二日）、ヴァジニアでは、新政府建設の意図を持つ「五月決議案」が可決された（五月一五日）。事態は和解の段階を越えて、武力による独立という土壇場《どたんば》に到達したのである。

ジョン=ディキンソン

ジョン=ディキンソンが知恵の限りをつくし、そして敗北するのは、この時から始まる。彼をはじめ、同じペンシルヴェニア代表のジェームズ=ウィルソンや、ニュー-ヨーク代表フィリップ=リヴィングストン、サウス-カロライナ代表エドワード=ラットリッジら、大陸会議のなかの「穏健派《モダリッツ》」は、和解の道に関して絶望に近い気持を抑えることができなかった。いまや彼らはイギリスとの和解を望んでいるのでないこと、誰もが理解しているようにそれは不可能であろうことを、承認するところまで後退しなければならなかった。ちなみに「穏健派」とは、第一回大陸会議の席上、イギリスとの和解を望む代表たちがみずからを呼んだ名称である。

それにもかかわらず、彼ら大陸会議中の保守的なグループは、いまは独立の時期でないという見解に固執した。現に中部植民地のほとんどが独立には反対か、または意見が二分されていたし、サウス-カロライナも同様な意向を持っていた。だから彼らはいう。軽率な暴力的扇動者が植民地独立を絶叫し、ある植民地がこれに従わないという場合――これは当然予想され得る場合だが――を考えてみよ。このような状態の植民地とどうして外国が同盟しようか。それどころか、ヨーロッパ大陸諸国はアメリカの分裂がさらに大きくなるのを喜ぶであろう。諸国は結局イギリスに味方し、アメリカをスペイン、フランス、イギリスの各領土に分割してしまうだろう、と。

彼ら保守派はアメリカの自由を守るという意図において、決して急進派に劣るものではなかった。しかし、自由を守る方法において相いれなかった二つのグループは、激しく対立して譲らなかった。こうして、六月一〇日の会議は異常な興奮をまき起こしたのである。

この時、第二章の主人公である比較的口数の少ないサミュエル゠アダムズが、立ち上がった。マサチューセッツ通信委員会の設立者であり、情報交換によって各植民地の事情に詳しいアダムズが民衆の意見を取り上げて行った演説については、ここでは述べない。ともかく、彼の与えた感銘は大きかった。独立の承認と否認との間を彷徨《ほうこう》していたノース゠カロライナ代表ジョーゼフ゠ヒューズは、はっきりと独立を決意した。三名からなるノース゠カロライナ代表が独立へと踏み切るきっかけは、ここにある。いま一人、これまで本国との和解の可能性を信じていたペンシルヴェニア代表ジョン゠モートンは、会議の終了後、新しい疑問で放心した人のように立ち去った。モートンの信念の喪失は、やがて七月二日の運命的な日に、満場一致の宣言をもたらす貴重な一票となるのである。

❖一世一代の演説

六月一〇日の会議の結果、「独立の決議」の最終的審議は七月一日に行うことが決定された。フィラデルフィア郊外、フェアヒルのわが家に帰ったディキンソンは、この三週間をかけて、彼の政治生活中、最も重要な演説となるべき草稿の作成に専念した。そしてついに、六月三〇日の夜は過ぎた。

七月一日、午前九時から大陸会議の独立決議委員会は開催された。ディキンソンは直ちに立ち上がり、丹誠《たんせい》こめて作成した草稿を読み始めた。彼は、将来における独立には反対でないと前置きしたが、「いまはその時期でない」という確信は揺るがなかった。

ディキンソンはいう。一人民が大した戦闘も経験せず、一つの同盟国もない状態で、独立をとげた実例は史上にかつて存在しない。いまなお多いイギリスの友人たち（ホイッグの一派）は、分離という究極手段によって、かえってアメリカを見捨てるであろう。アメリカを自立させるに必要な三つの条件のうち、植民地連合政府の樹立こそが最優先にされなければならない。この政府の権威によってこそ、外国との同盟という第二条件が生み出されるのである。そしてそれから——それからのみのことであるが——、第三の条件たる独立が考慮されるべきなのである。外国からの援助は、いますぐ独立を宣言したからといって得られるものではない。外国の援助は、軍事的成功によってアメリカの実力が示されてから、初めて達せられるものなのである。植民地個々の政府がまだ未確立で、植民地間の境域さえも十分に決定されていない時において、そして植民地全体の協力が可能性をさえ持たない時において、外国との同盟を求め、イギリスという強大な国家に挑戦することが果たして正しいであろうか。独立といったような重大問題への第一歩は、ひたすら慎重を期したうえで踏み出されるべきものである、と。

ジョン=アダムズ　大陸会議では、ディキンソンの政敵であった。

この演説は実に入念に構成され、情熱をもって吐露された。同日、論敵ジョン=アダムズが友人にあてて、つぎのように書いたとおりである。「彼（ディキンソン）は明らかに非常な努力と物凄い情熱とをもって、みずから期するところがあった。そしていちじるしく長い、かつ彼の雄弁のすべてをしぼった演説において、彼は以前パンフレットや新聞に発表したことのすべてをいいつくし、また大陸会議において……彼自身および他の人たちによって語られたすべてのことをもいいつくした。彼は弁論をきわめて巧妙、さわやかに運んだだけでなく、申し分のない優雅な態度と卒直さとをもって臨んだのである。」

こうして、最後にディキンソンが会場全体を見渡し、ついで席についた時、支持者たちからは猛烈な拍手が起こり、拍手はやがて沈黙に代わった。立ち上がって応答する者は一人もいなかった。ジェファソンといいフランクリンといい、一言も発しなかった。サミュエル＝アダムズは自分の出る幕ではないと思ったのか、これも黙っていた。しばらくしてから、誰かが後に続くだろうという期待を持って、ジョン＝アダムズが語り始めた。

アダムズは、自己の生涯においていまほど大ギリシア人やローマ人の雄弁を望ましく思ったことはない、と前置きした後、もし独立、連合、外国の援助という三条件が同時にもたらされるのでないならば、独立こそ最優先にされなければならない——それこれアメリカがなすべき不可欠な第一歩である、と論じた。この席上、さらに語った多くの人々の記録は存在しない。しかし結局、六月一〇日の約束に従って、独立是非の問題が投票により決せられることとなった。

投票の結果、九つの植民地は独立に賛成であり、ペルシルヴェニアとサウス-カロライナは反対であり、デラウェアでは票が分かれ、ニュー-ヨークにいたっては棄権した。そこには満場一致というものは存在しなかった。しかし独立の主張が圧倒的だということは、もはや明白であった。しかも、議長ジョン＝ハンコックが多数決を承認すべきかどうかを提議した時、サウス-カロライナ代表エドワード＝ラットリッジの重大な発言が現時点での独立論者たちをより有利にした。つまり、サウス-カロライナは議長の提議に反対だが、もし独立を満場一致で宣言しようというのなら、同植民地は立場を変えるだろう、というのである。この発言が、満場一致の宣言の可能性を示した最初であった。唯一の独立反対植民地として残されたペンシルヴェニアにおいて、代表の若干が考えを変えつつあった事実からすれば、七月二日に満場一致で独立が決定されるだろうことは、ほとんど疑い得なくなったのである。

❖政界の花形へ

ディキンソンにとって、七月一日の夜はまことに眠られない夜であった。彼にはこの二年近くの間、大陸会議における自己の政治活動や、若い弁護士・政治家として踏み出した遠い過去が、つぎつぎと去来した。そしてかつての友人であり、やがて敵となったジョン=アダムズとの決裂の当時が、ことさら強く思いだされた。

ディキンソンは一七三二年一一月八日、メリーランド海岸沿いのトルボット郡内、大地主の家に、熱烈なクウェーカー教徒を母として生まれた。本書の主要登場人物のワシントンとは同年輩であり、サミュエル=アダムズの一〇年後輩に当たる。かつては法律家であり、後年さらに富裕な大地主となり、家長としての威厳を信条とすると共に、またそれを失わなかった父サミュエルのもとで、彼は厳格な家庭教育を受けた。規則正しい両親の薫育と、さわやかな田園

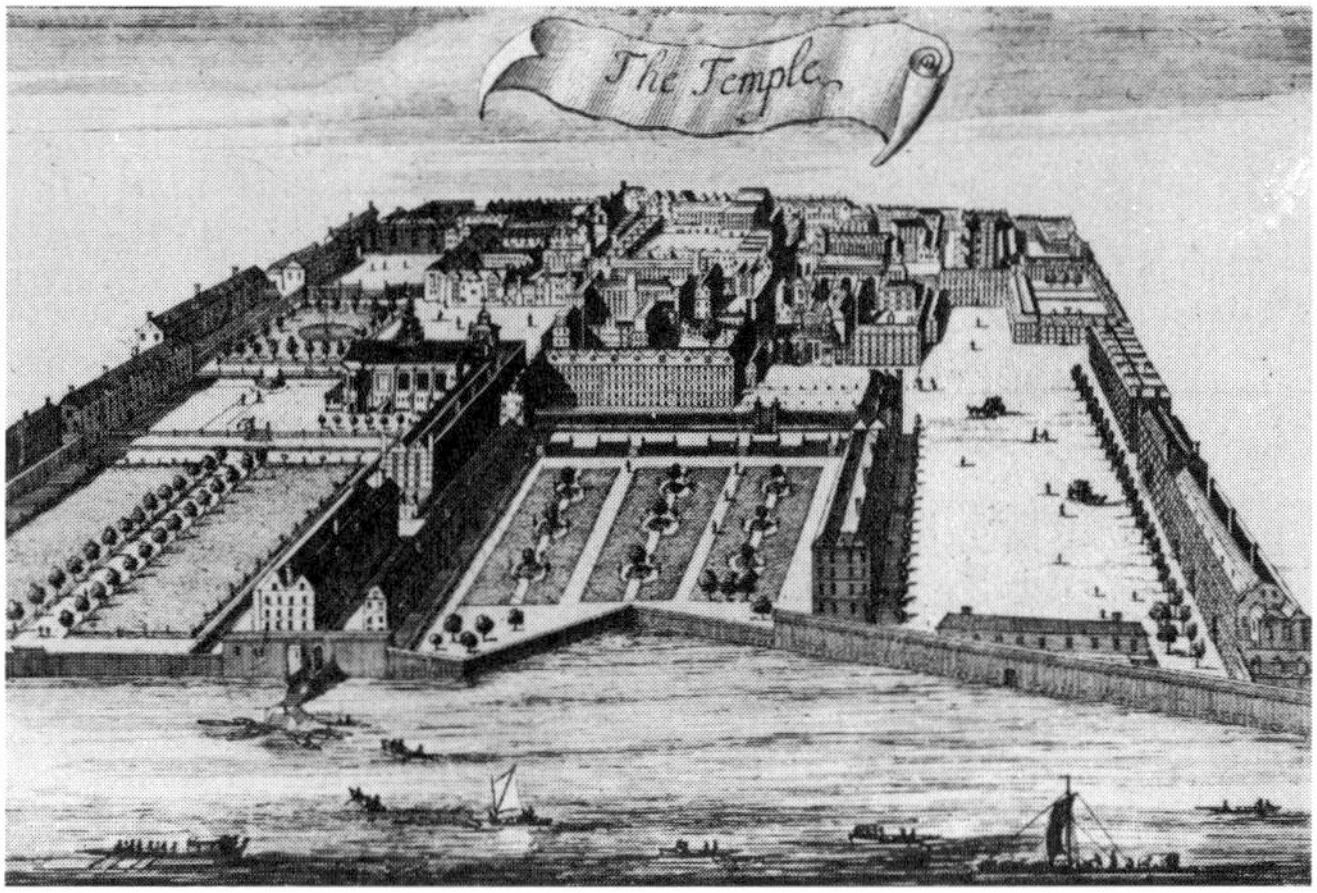

ミドル－テンプル法律学校　ロンドンにあり、法律家のメッカであった。

生活とによって、ディキンソンは意志の強い、しかも繊細な人間として成長した。彼の性格について、ジョン＝アダムズは七四年九月一二日と一〇月二四日の日記にこう書いている。「ディキンソン氏はきわめて慎み深く、また快活で器用でもあり」「……デリケートな人である。」

父親はまた子供の教育のため、デラウェア中部のドーヴァーに移った。ジョンはそこで多くの公人を出したフランシス＝アリソン博士の学校にはいり、ついでフィラデルフィア大学に進んで法律を専攻した。卒業後、一時ある法律事務所に勤務したが、やがてロンドンのミドル－テンプルに留学した。彼がロンドンに滞在した三年間（一七五五～五七）は、彼の嗜好《しこう》と思想とに大きい影響を与えた。奇知、才能、大志、競争心など、それらすべてが渦《うず》巻くロンドンにおいて、ジョンは政界や文学界の大立物と知り合いになり、イギリス憲政の偉大さに強い尊敬の念を持つようになった。彼が急激な変化を好まず、また英帝国に尊敬と愛着とを抱くようになったのは、その生まれもさることながら、いま一つは青年時代の留学体験によるのである。

留学を終えてフィラデルフィアに帰ってきた時、その才能と学識と富とは、一躍ディキンソンを法曹界および政界の有名人に押し上げた。当時、ペンシルヴェニア議会の長老であり、最も富裕な商人の一人であるアイザック＝ノリスと知り合い、一七七〇年七月、その娘と結婚し、妻の財力でフィラデルフィア近郊のフェアヒルに居を構えたことも、彼をますます名士にした。彼の政界入りは六〇～六二年のデラウェア代議員に始まり、六二～六五年と七〇～七六年には、ペンシルヴェニア代議員を勤めている。なお、その知名度にもかかわらず、いや高い知名度のゆえにこそ、ディキンソンが六六～六九年の数年間、ペンシルヴェニア議会の議席を失う経緯については、政敵ギャロウェイを扱った第五章で触れるであろう。

❖人気を博した『書簡』

さて、印紙条例が本国と植民地との関係を険悪化した時、ディキンソンの明晰《めいせき》な頭脳はひときわ目立つものとなった。彼は人々が容易に読みかつ理解できる平易・簡潔な文章で、植民地人に訴えた。九つの植民地の代表からなる印紙条例会議のペンシルヴェニア代表として、「権利の宣言」を起草したのも彼であった。ついでタウンゼンド条例をめぐる紛争の際、一七六七

〜六八年に彼が世に問うた『ペンシルヴェニア一農民の書簡』は、たちまち一三植民地全体に広がった。六七年一〇月に出された第一書簡は、つぎのように慎ましい、かつわかり易い言葉で始まっている。

わが愛する同胞諸君、私は色々な運命の後に、ペンシルヴェニア領内のデラウェア河畔に移住した一農民です。私は自由な教育を受けました。そして多忙な人生の舞台にかかわってきましたが、私はいま、大騒ぎしなくてもこのままで人は幸福になれる、と信じているのです。私の農場は小さく、奉公人は数少なくて善良です。私にはわずかばかり金があり、利子もついています。私はこれ以上何も望みません。……

当時ロンドンにいたフランクリンは、領主制の是非をはじめ、種々の問題でディキンソンの反対者であったにもかかわらず、『書簡』を現地で再版した。『書簡』は、イギリス国会の両院でも参考にされ審議された。独立宣言に至る反抗期間において、『コモン゠センス』を除けば、『書簡』ほど海外に多くの読者を得た著作はなかったといわれるのである。

これらの文書やパンフレットをとおしてディキンソンが最大の問題としたのは、アメリカの権利を守るということであった。一三植民地に対するイギリス国会の主権を認め、本国に信頼と愛着とを持っていた彼が抗議した理由は、本国政府のやり方が植民地側と本国国会改革派双方の信条、つまり「代表なくして課税なし」とする原則を侵したからであった。彼はつぎのような不満を持っていた――植民地議会以外には、植民地に内部課税を行い得るものはない。もしイギリス国会に植民地への内部課税権があるとすれば、植民地人はチャールズ一世時代の彼らの祖先と同じことになってしまうではないか。要するに植民地人は、自己自身の財産の主人公でも自由人でもあり得ないことになる、という不満であった。だから、ディキンソンは主張した。イギリス国会は植民地に対し、通商を統制するための外部課税権は持っていても、国庫収入のための内部課税権は持たないのだ、と。

もちろん、このような論旨はディキンソンの『書簡』に始まったわけではない。すでに印紙条例一揆の際、メリーランドの政治家ダニエル＝デュレイニーなど多くの著作家が同じ意見を表明している。『書簡』が非常に人気を博したのは、斬新《ざんしん》な見解のゆえにではなく、「新鮮な活力」に満ちていたからであった。この人気によって、彼はニュー－ジャージー大学（後のプリンストン大学）での法学博士号をはじめ、いくつかの称号を得ている。

しかもディキンソンのアメリカ愛は、東インド会社の茶をめぐる紛争の際にも発露した。一七七三年一一月に書かれた『茶税に関する二つの書簡』は、論調の激しさにおいて、サミュエル＝アダムズがペンを取ったかと思われるほどであった。ただ文筆活動ばかりではなく、翌七四年には、フィラデルフィア通信委員会委員長としても活躍している。

このような事情であったから、七四年九月五日、第一回大陸会議の最初の会合が開かれた時、各地からの代表たちはディキンソンが同席しているものとばかり思っていた。「ディキンソンはどこにいるのか」「なぜ彼は大陸会議への代表ではないのか」がまず、大陸会議では話題になった。ようやく一〇月初旬、ペンシルヴェニア代表に空席ができた時、ディキンソンはこれをうめ、一七日に代表として顔を見せたのである。

大陸会議への代表となったディキンソンは、新参とは思われないほど活動した。本国との調停は達せられるであろう。それゆえ、全力を挙げて和解へと努力するのが大陸会議の使命であり、真の愛国者の義務であることを、彼は確信していた。同じ代表でありながら、ディキンソンの意図とサミュエル=アダムズの意図とはいかに隔たっていたことであろうか。ちなみに、七四年一〇月と七五年七月との二回にわたる国王への請願書は全部ディキンソンによって書かれたことが、晩年(一八〇四年九月一五日)、友人あての彼の書簡によって確定している。

❖二人のジョン

ところで、マサチューセッツ代表のジョン=アダムズとペンシルヴェニア代表のジョン=ディキンソンとは、一べつ以来友人となった。アダムズは、ディキンソン夫妻とペンシルヴェニアの農村地方に遊ぶことが多かった。第一回大陸会議の時期を通じて友情は次第に濃《こま》やかとなり、二人はアメリカの権利という共通の問題で語り合い、アダムズは大いに共鳴することができた。「愉快きわまる午後をわれわれは持った。まことに気持の良い交際であった」と、アダムズは日記に書いている。大陸会議がディキンソンの指導下にあったことは、容易に想像できる。

第一に、富裕な地主であるディキンソンはヴァジニア、メリーランド、デラウェア、ペンシルヴェニアにそれぞれ利害関係を持ち、商業に明るく、弁護士として商業的利益のスポークスマンであった。第二に、彼は高度に専門的な知識を身につけ、ニュージャージー大学で法学博士号を得たように、政治学や歴史学に明るかった。第三に、彼は長い政治生活の経験を持ち、クウェーカー教徒や富裕な人々から支持されていた。そして第四に、彼は最も好評を得たパンフレットの作者であり、そのうえに人格者であった。友人たちが書いているように、「彼の噂を聞いていた人は、彼に会った時に失望しなかった。彼は健全な思想の持主であり、明らかに正直な人であり、指導者として仰いでよい人であった」。いわば、「紳士の社会のなかの紳士」であった。しかも、「平和を欲する人、それを達成するためには自分のすべてを傾ける人、また目的は必ず達成できると考えた人」であった。

しかし、大陸会議はいつまでも「ディキンソンの会議」ではなかった。英帝国が内乱に突入してからは、新しい指導力の必要が痛感されてきた。ディキンソンが説き続けた本国との妥協は、武力闘争の継続という現実に直面して、もはや望み薄となってきた。何か新しい態勢がつくられなければならない。こうして、レキシントン‐コンコードの戦いに次ぐタイコンデローガの戦い（七五年五月一〇日）の後、より多くの軍需品が必要だという事態に直面して、国王に第二の請願書を出すべきかどうかが問われた時、ついに二人のジョンは決別したのである。第二回大陸会議がアメリカ大陸軍の創設を決議し、ワシントンを総司令官に任命したのは、両者決裂の寸前、すなわち七五年六月一五日であったことに注意しよう。

確かに個人的な感情では、二人にはなお共感があった。請願書をめぐって正面衝突した時でも、アダムズはディキンソンの立場を了解した。ディキンソンの支持者であるクウェーカー教徒が、そして賢母であり賢夫人である母や妻が、彼を対英強硬論に走ることから押し戻そうとして、日夜哀願もし抗議もしていることを。アダムズは、大陸会議の書記でありディキンソンの友人で親戚でもあるチャールズ＝トムソンから、ディキンソンの家族や友人たちの模様を聞いていた。「ジョニーよ、おまえは絞首刑になるだろう。おまえは良い妻を未亡人にし、可愛いい子供たちを孤児や無頼漢に突き落とすだろう。」

アダムズは個人として、かつての友人の立場に同情を禁じ得なかった。しかし、個人の感情と公人としての感情とは別である。ついに、両者の間に決別の時がきた。

それは七五年夏のある日、請願書を出すかどうかで第二回大陸会議が紛糾していた時であった。会議室を出たアダムズの後をディキンソンが追った。ディキンソンの顔面は蒼白《そうはく》であり、声には落ち着きがなく、明らかに物凄い怒りを含んでいた。ちょうど先生が生徒に対するように、彼は切り出した。「君たちニュー−イングランド人がわれわれの和解方策に反対するのはなぜか」「気をつけたまえ。もし君たちがわれわれの和平体制に協力しないのなら、私や私の同僚はニュー−イングランドの君たちと決裂し、われわれ独自の立場から反対を続けるつもりだ。」

相手が興奮していたのとは逆に、アダムズはきわめて冷静に答えた。「会議が決めることです。そしてもし会議が私に反対の声明をするなら、私は従わなければなりません。同様にあなたに反対の決議をするのなら、あなたは黙ってこれを認めるべきでしょう。」

その後、二人の間に個人的な言葉は二度と交わされなかった。アダムズの日記によれば、「会議の席上では、いつもの卒直さと気軽さとで公的にいっさいの問題を討議した。しかし友情や交際は……永久に失われた」。七月八日、国王への第二の請願書が決議されてアダムズが負け、ディキンソンが勝った後でも、二人の旧交は暖められなかった。

七五年九月一六日付のアダムズ日記は、このエピソードの一端を伝えている。ディキンソンとの決裂の後、アダムズは七月二四日、対英強硬論をしたためた書簡を友人に送ったが、図らずもそれがイギリス軍の手にはいり、書簡の写しは請願書と同時に本国へ送られた。このニュースがフィラデルフィアに伝わった直後、アダムズは街でディキンソンに会った。彼は丁寧に挨拶《あいさつ》したが、ディキンソンはなんの返礼もなく通り過ぎた、というのである。

愛国者として

❖敗北者としての決意

さて、明日は独立宣言が確定するだろうという一七七六年七月一日の夜、ディキンソンにとって、ジョン＝アダムズとの決裂は消すことのできない思い出であった。あの時以来、二人は個人的に二度と言葉を交わさなかった。そしてあの時はディキンソンが勝ち、アダムズは屈したかのように見えた。ディキンソンは、ジェファソンと共に第二回大陸会議の決議文「武力抵抗の理由と必要の宣言」を起草して、その力のほどを示し、同じく彼が起草した国王への第二の請願書に対しても、アダムズは会議の空気を察知して、約束どおりこれに署名した。そしていまは？

ディキンソンが慎重の限りをつくして起草した第二の請願書も、英本国では、「言葉が柔らかいのは最大の反逆計画を隠すためのジェスチュアだ」として問題にされなかった。しかも彼を中心にペンシルヴェニア、ニュー＝ヨーク、メリーランド、ノース＝カロライナ各代表の有志からなる独立反対委員会が、大陸会議の一角で和解のための植民地連合を提案した直後には、港の開放、リーによる「独立の決議」の提案、ジェファソンによる独立宣言書の起草という事態が相ついだ。こうしてついに、七月一日となった。結局、大陸会議は、正しかったのはアダムズであってディキンソンではなかった、ということを正式に決定する前夜にまで進行していたのである。

それではディキンソンは敗北の印《しるし》として、彼が最後まで反対した現時点での独立宣言に同意することができたのであろうか。先に、敗北したアダムズは約束どおり大陸会議の決議に従って、請願書に署名した。ディキンソンは約束もしなかったが、いまとなって、独立宣言に同意することはなんとしてもできなかった。事実、彼は七月二日の会議に出席しなかった。

しかしディキンソンには、自分の名誉にかけてなし得る、またしようとしている、いま一つのことがあった。まず彼は母や妻に今日（七月一日）の会議で決定されたこと、明日当然実現されるだろうことを語らねばならぬ。そしてさらに彼は、この事態に処すべき自分の決意のほどを打ち明けなければならない。

おそらく母や妻は、ディキンソンの最後の決意が何であるかを、多少は気づいていたかもしれない。しかし、七月一日の夜に彼が最後の結論を下したということは、明らかに彼女たちのあずかり知らないことであった。なぜなら、その結論は七月一日の大陸会議での投票の結果、初めて確固としたものになったからである。これまでも、彼女たちの哀願や抗議はきつかった。彼の決心を聞かされたら、彼女たちはどんなに驚き悲嘆に暮れるだろう。しかし、彼女たちはそれを知らねばならぬ。彼はそれを承諾させなければならない。それが敗北した「穏健派」の取るべき最後の愛国的義務である。彼は召使を呼んで、軍服を出しそれをカバンに詰め、剣を取り出し、馬の手入れをせよと命じるだろう。彼は机の引き出しを明け、書類を整理し破棄し、長い不在の準備をしなければならぬ。あるいは永久となるかもしれない不在なのである。

❖安堵と愉悦と

というのは、ディキンソンは、フィラデルフィア郊外で訓練を受けており近くニューヨーク市のワシントン軍を支援するために出発準備をしていた一部隊の、指揮官なのであった。彼は七五年六月、フィラデルフィアで募兵が行われた時から、すでに軍籍にはいっていた。彼は大陸会議に戻るつもりはなかった。愛国者としての道を会議においてではなく、戦場に見いだすことが、主張の容《い》れられなかった彼が取るべき唯一の信念の行為であった。すでに去る二月に彼は最古参の大佐、増援軍第一部隊の指揮官として、非常の際には武器を取る決心をし、現に同じ月の一五日には、ニューヨーク市に向かって行進する予定になっていた。この行進は

ジョン＝モートン　独立賛否に迷った、ディキンソンの親友。

都合で延期され、ディキンソン自身も平和的解決の可能性に絶望しなかったが、彼が非常の際に軍人としての活躍を期待されていたことは、論敵ジョン＝アダムズが認めるところであった。七六年二月一三日、アダムズは妻アビゲールにあててこう書いている。

　ディキンソン氏の敏活さと心掛けとは——それは確かに彼の性格にマッチし、見事な実例となるものなのだが——高く評価されている。今日の午後ディキンソン氏は、部隊を整備するため指揮台に上がった。この部隊整備を、彼は非常な熱意とパトスとをもって行った。

指揮官であるディキンソンは、大陸会議への代表として政務に追われ、軍隊の指揮は怠《おこた》りがちであった。果たして、七二〇名からなる自分の部隊は準備ができたか。どこまでも穏健な立場からアメリカの権利を守り抜こうとしたディキンソンに、折に触れて思いだされたこのようなことが、敗北した後の彼の心をとらえるようになった。彼はどうしても、現在での独立に賛成の票を投じることはできなかった。だが同時にもはや、あえて独立に反対しようとも思わなかった。同じ信念のロバート=モリスも、明日の会議には出席しないだろう。同じ「穏健派」のジェームズ=ウィルソンは、今日の会議で立場を変えた。親友のジョン=モートンも、後を追う様子がある。彼らめいめい、良心の命じるままに行動せよ。イギリス軍はニュー-ヨーク湾内の一部に上陸し、アメリカ軍をロング-アイランドからニュー-ヨーク市に駆逐するための作戦を採ろうとしている、と聞く。ためらっている時ではない。指揮官である自分に与えられた道は進軍あるのみである。

ディキンソンは書類を整理していくにつれて、大陸会議を牛耳ったころの華やかさ、『農民の書簡』への大喝采《かっさい》、前途を祝福されつつ弁護士・政治家として踏み出した遠い過去に、思いをはせた。そして突如として彼の心のなかに、悲しみや苦々しさではなくて、安堵と愉悦とが潮のように押し寄せてきた。それこそ、正しいと思う主義のために全力をつくしてきたけれども、いまや政治家としての責務は自分の手を離れたという安心であり、慰めであった。翌日独立を宣言するために大陸会議の議場へおもむく代表たちは、ジョン=ディキンソン――クウェーカー教徒の家の子、大財産家の子供でその主人、和解論の闘将――が、戦場に向かう部隊の先頭に立って行進するのを見るだろう。彼もまた、馬上から会釈するだろう。こうして過去への回想や未来への決意によって、七月一日の夜はディキンソンにとって眠られない夜であった。〔注〕

注　七月一日夜におけるディキンソンの最終的決断と心の安らぎについては、八月七日、チャールズ＝トムソンにあてた彼の手紙（チャールズ＝トムソン文書）、および八月一六日、トムソンからの返事（ウィリアム＝ローガン文書）が物語っている。ディキンソン夫人の驚きについては、七月二九日と三〇日、および日付不明の、夫あて手紙（ウィリアム＝ローガン文書）が物語っている。なお研究書としては、コーネリア＝メグズ著『激情した人々《ザ・ヴァイオレント・メン》』（一九四九年出版）、第一四章が参考になる。

❖同胞の防御と幸福のために

七月二日が来た。結果はディキンソンが予想したとおりであった。イギリスは、一三植民地ではなく連合した一三の邦と戦わなければならなくなった。ヨーロッパ大陸諸国は、イギリス植民地ではない新しい国家と同盟することができるようになった。

その新国家の運命をかけた戦闘に、ディキンソンは参加した。彼は独立が宣言された直後、部隊を率いてペンシルヴェニアのエリザベスタウンに進軍した。また特別軍を編成して、七七年九月には、ペンシルヴェニア―デラウェア間にあるブランディワイン-クリークでの戦闘に参加した。この戦闘は、ニュー-ヨーク市を占領して勝ち誇ったハウ将軍指揮下のイギリス軍が、フィラデルフィアめざして南進する途中に起こった決戦であり、一〇〇〇名の死傷者を出したワシントン軍の敗戦に終わっている。だが、その一か月後にはサラトガでの勝利が得られることを、頭に入れておく必要がある。

確かにディキンソンは、独立反対派を指導したことによって往年の名声を失った。そして軍人となった彼の行動は、かつての同僚や支持者たちにとっては欺瞞《ぎまん》であり卑怯《ひきょう》であるように見えた。しかしこのような非難を真っ正面に受けながら、彼はつぎのように所信を述べている。

「私は自分の一生を、私への憤りの真っただなかにあって、なお私が同胞として尊敬せずにはいられない、それらのつれない同胞の防御と幸福のために捧げるだろう。」

ディキンソンは、みずからを称して「モダリッツ」といった。その本来の理想は、アメリカの自由をイギリスとの和解のなかに見いだすことであった。だが、彼は何よりもまず愛国者であった。その点で、彼は同じく保守的な考えを持つ王党派と峻別《しゅんべつ》されるべき理由があった。王党派と、ディキンソンなど愛国派中の右のグループとを主に区別する基準は、王党派が独立宣言の後もなお断固として独立を否認し続けたのに対し、後者は良心との激しい戦いの後に、自分の運命を他の愛国派グループと共にしたという点である。独立運動は彼らにとっては誤ったやり方だと思われたけれども、なお彼らは、アメリカの自由を守るということにはどこまでも忠実であった。ディキンソンの選んだ道は、そのよい例証といえよう。

ディキンソンについての古典的解釈はつぎのようである。『社会科学百科辞典』で彼の項を扱ったベンジャミン=F=ライト二世は、ディキンソンを「アメリカ革命の文筆家《ペンマン》」と評価したモージズ＝C＝タイラーの説（『アメリカ革命の文学史』二巻、一八九七年出版）を批判して、「イギリス国会の課税権に対する憲法上の反抗という、反英運動初期の文筆家」と呼んだし、同じくタイラー説に異論を唱えたヴァーノン＝L＝パリントンも、「もっと正しい名称およびもっと事実に即した名称は、植民地ホイッグのスポークスマンということであろう」といっている（『アメリカ思想の主潮流』第一巻、一九二七年出版）。

古い学者である三人の見解に多少の相違はあるとしても、それらは、ディキンソンの本領がペンマンにあるとする点において共通している。また、パリントンはつぎのような断定を下している。ディキンソンはあまりにも自説に固執しすぎたため、一個のアメリカ人となることは困難であった。本国政府の諸政策に抗議しつつ、なおイギリスに忠誠を示そうという段階では、ディキンソンはまさに適任者であった。しかし、忠誠の告白というマスクを捨てて戦争をする必要に迫られた時、彼はより活動力のある代弁者に道を譲るべく放り出された。……そして新しく現れた秩序のなかで、おそらく彼は完全な気易さを感じることはなかったであろうし、後悔の念をまぬがれることもなかったであろう、と。

このようにディキンソンをペンマンであるとか、後悔の念をまぬがれ得なかった人という解釈のいちおうの妥当性を認めながら、すでに見たように、われわれは彼にいま一つの特色があったことを見逃すわけにはいかない。ペンマンである彼は、内心の葛藤をへて安堵と愉悦に到達し、剣を取って立った別の行動人でもあった。したがって、ペンマンとして活躍した反英運動の初期だけが、彼の全体、そしてまた彼の本領を語るものでもなかった。われわれは、彼がペンマンであった時代の活躍や人気などとは別に、同僚の非難を買い名声を落としながら、なお自分に冷たい同胞の幸福を願い、身を戦闘に投じた不遇のディキンソンに、その本領の一端を見いだすのである。

❖一八世紀的紳士

だが、ディキンソン物語はこれでもって終わったのではない。彼は独立が宣言された後、進んで戦闘に参加した。確かにそれは、祖国アメリカの危機を救うためであった。しかし祖国を救うということは、彼にとって、ただイギリス軍や王党派との戦いだけを意味したのであろうか。

ディキンソンが和解の希望を捨てて植民地独立論者にくみしたのは、アメリカ内部の民衆勢力を不当に膨脹させないためでもあった。彼は、アメリカの自由を守るという点で対英急進派に同調したが、アメリカ内部に「デモクラシー」、すなわち人民の多数意志を直接表明する政治制度、を採り入れるつもりはなかった。現に、ディキンソンはいっている。なるほど独立に成功したとはいえ、「民衆勢力があらゆる規制を排除して、国家を破滅に落とし入れるのを恐れなければならない」。要するに、一六八八年の名誉革命を手本にした彼は、「紳士の、紳士による、そして紳士のための」「安全にして穏健な革命」を期待したのであった。彼が「政府は穏健な貴族政治をもって始まる」という考えを持ち、立憲君主制を望んだ理由は、以上の点にある。

こうした考えは、戦後のディキンソンの生き方にもつらぬかれている。戦場から政界に戻った彼は、戦争末期の一七八一年にデラウェア行政会議議長、八二年から戦後の八五年にかけてはペンシルヴェニア行政会議議長を勤め、八七年にはデラウェア代表の一人として、合衆国憲法制定会議に重要な役割を演じた。これらの期間を通じて彼が主張した点は、党派的不信や大衆の圧力から秩序を守る方法として、有産階級が政府の指導権を握るべきだということであった。そしてそのためには、㈠上院の権限を強化すること、㈡大小を問わず自由土地保有者に選挙権を与えること、が不可欠とされた。彼によれば、「いつかは数多くなるであろう、財産もなければ主義主張も持たない大衆《マルティテユーズ》の危険な圧力に対抗して……自由土地保有者は秩序維持の最上の守護者」なのであった。彼はヨーロッパ大陸諸国の専制政治に対すると同様、国内「民衆のデスポティズム」に激しい反感と恐怖とを抱いていたのである。

無産大衆に対する恐怖は、なにもディキンソンに限られたことではない。初期の反英運動や独立戦争を通じて一般化してきた民心の解放に、程度の差はあれ何か轡《くつわ》をはめようとする気持は、五五名からなる合衆国憲法制定会議出席者にほぼ共通していた。だが、立憲君主制を正しいとした者は、ごく少数にすぎない。ディキンソンら立憲君主制論者が自説を主張しなかったのは、圧倒的多数が共和制を欲しており、例外的意見が通らないことを自覚していたからにほかならないのである。

こう考えてくれば、ディキンソンをもって一八世紀的紳士であり、幾多の人々の心のなかに動きつつあった自由主義を理解し得ない時代遅れの人、とするパリントンの古典的解釈は——その歴史観の単純な進歩主義的偏向性にもかかわらず——妥当性を持つのであるまいか。良心の戦いの後に、自己の信念を戦場で吐露した愛国者ディキンソンも、つまるところは一八世紀的紳士であった。

ともあれ、合衆国憲法の制定に関与してから死に至るまで、二〇年余り、ディキンソンは二度と公職についていない。しかし、政治についての彼の関心には積極的なものがあり、一八〇一年には二巻の『政治論集』を公刊した。〇八年二月一四日、彼はデラウェア州ウィルミントンで七五歳の生涯を終えた。

Ⅳ

トマス＝ハッチンソン
——国王の召使を自任して

政治権力の具象

❖「獲得的人間」

これまで述べてきたのは、それぞれ持ち味は違いながら、それぞれアメリカの独立に貢献した愛国派の三つの人間像についてである。これから述べようとするのは、愛国派の対抗馬となった王党派についてである。彼らの先鋒としてまず、マサチューセッツの代表的政治家トマス＝ハッチンソンが名指しされる。

アメリカ王党派中、力量および地位のどちらを取っても、ハッチンソンに及ぶ者はない。生存中に二巻を出し、死後半世紀して第三巻が出た彼の『マサチューセッツ湾植民地の歴史』は、一八世紀アメリカ歴史著作のなかで、「卒直さと節度と真実への情熱とに満ちた……最高の価値あるもの」と称賛されたし（一九世紀の歴史家チャールズ＝ディーンの言葉）、裁判官としての能力についても、後世、つぎのような評価が下されている――一八世紀のアメリカ裁判官のなかで「ハッチンソンほど推賞に値する人物はほとんどいない。この方面での彼の資質には、非の打ちどころがなかった」（J＝K＝ホスマー著『トマス＝ハッチンソンの生涯』一八九六年出版より）。また財政家としての手腕についても、彼の死後、ジョン＝アダムズはつぎのように証言している。

もし私が魔法使いだったなら、私はハッチンソンの幽霊を生き返らせ、通貨以外には手を出させないという条件で、合衆国全体および国内各地での通貨問題につき、彼に全権を与えたいと思います。彼に対する思い出を大切にする気持はありませんが、私が認めたいのは、これまでのこの国の誰よりも彼が貨幣と商業の問題に詳しかったということです。

トマスは、ロード＝アイランド建設の基礎をつくった男まさりのアンから数えて、ハッチンソン家の五代目に当たる。ハッチンソン家は、アメリカに移住する以前、ロンドンで商業を営んでいた。そしてニュー＝イングランドでも、同家は代々商業に従事し、巨大というほどではなかったが、着実に財産をふやしていた。彼らは蓄財家、根からの実利的な中産商人であり、その堅実でプチ＝ブル的特徴が不断に積み重ねられて、五代目のトマスまでに確固たる基盤をつくり上げていたのである。その家系のなかに、一人の医者も弁護士も教師も牧師もいなかったということは、いかにハッチンソン家が商人一家であったかを証明していよう。いうなれば「獲得的人間《アクイジティヴ・マン》」の典型であり、商業活動を通じて社会的地位をも上昇させたのであった。

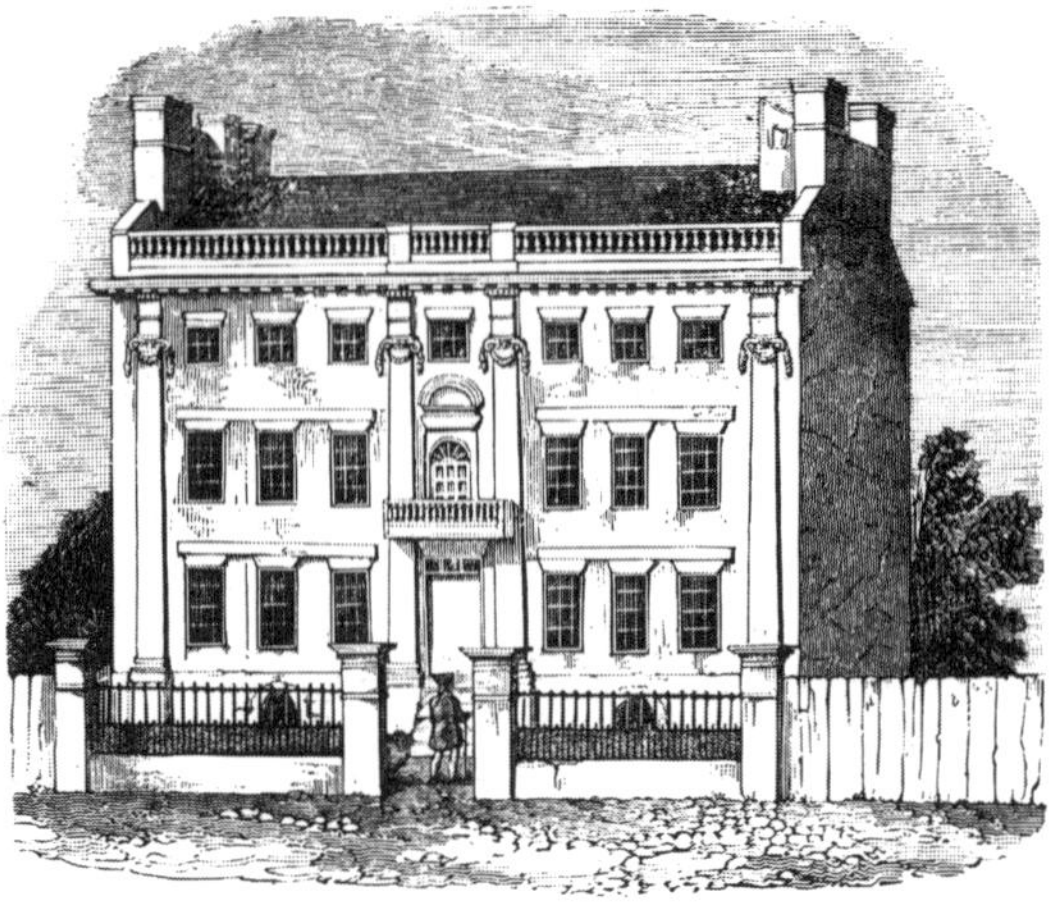

ボストンのハッチンソン邸　17世紀末、祖父によって建てられ、印紙条例一揆でほとんど全壊した。

すなわち、三代目のエリシャ＝ハッチンソンは、郡民事訴訟裁判所の主席判事と軍士官とを勤め、また一七一七年に死ぬまで三〇年近く、参議員の要職にあった。彼は「最も優秀な市民」と称せられた。四代目のトマスも、一七一四年から二五年間にわたって参議員を勤め、またサフォーク第一連隊の大佐として、先代に劣らぬ名声を博した。その息子トマス、すなわち本書第四章の主人公は、一一年九月九日、一二人中の四番目の子供として、ボストン市ノース-エンドのガーデン-コート通りに生まれた。彼は、ボストン市内で最も美しいこの邸宅で生まれた最初の子供であり、六五年、かの印紙条例一揆で破壊されるまで、ここで優雅な生活を送っていた。

五歳で、父の寄付によるラテン語学校に入学し、一二歳でハーヴァード大学にはいるという秀才のトマスは、ラテン語とフランス語とを自由自在に駆使して、好きな歴史書や文学書を読みあさった。チャールズ一世の苦悩と処刑とに、彼は涙を流したと伝えられる。

トマスがハーヴァード大学に入学した年（一七二三）、父は学資として「二、三〇〇キロの魚類」に相当する金額を提供した。このわずかな資本をもとにして、彼はすでに大学生時代、四、五〇〇ポンド-スターリングの基金をつくったが、その財産は父からの遺産とも相まって、独立戦争の勃発期までには莫大なものとなっていた。現金では初めの基金の一五倍、不動産としては、父から受けついだボストンの邸宅を含めて家八軒、波止場二つのほか、市内に多くの敷地や商店があり、郊外にも、ミルトン-ヒルの美しい別荘と二〇〇エーカーの優良地とがあった。七〇年、彼自身の発表によれば、不動産からの年収入だけで一五〇ポンドにのぼったという。

富裕で育ちが良く、善良で秀才のこの青年に、良家の子女たちが憧れたのは当然であった。三四年五月、二二歳のトマスは、ロード-アイランド総督サンフォードの次女マーガレットと結ばれ、やがて五人の父親となった。トマス、エリシャ、ウィリアム（ビリー）という三人の息子と、サラー、マーガレット（ペギー）という二人の娘であり、家庭は団欒《だんらん》そのものであった。五三年、妻が若死にしたことは、彼にとって痛恨の至りであったが、他方、彼はサンフォード家との結びつきによって、生涯の知己を見いだしていた——同家の長女メアリーと結婚し、トマスとは義兄弟のアンドルー＝オリヴァーである。オリヴァーについては、後に触れよう。

結婚後三年、トマスはいよいよ公生活に足を入れることとなった。まずボストン市役員に選ばれ、同じ年、マサチューセッツ代議員にも選出された。そして以後ただ一年間を除いて、四九年まで一二年間、彼は代議員を勤め、四六～四八年には議長職を与えられている。そしてこの代議員時代に、彼は財政家としての力量を発揮する。そしてまたこの時期に、彼はサミュエル＝アダムズから致命的な恨みを買うこととなるのである。

❖権力掌握への道

ハッチンソンが力量を発揮したのは、多年争点となっていた通貨問題においてであった。マサチューセッツ通貨問題については第二章で触れたため、ここでは述べない。ともあれ、公生活にはいる一年まえの一七三六年、すでに彼はパンフレットを発行して、硬貨本位政策を提唱していた。そして、事態が紛糾したまま一〇年以上も経過するにいたって、ついに彼はつぎのような具体案を議会に突きつけた。対外遠征費の返済として本国政府から送られた金（約一八万四〇〇〇ポンド）を対内通貨に転用し、植民地信用証券を一一分の一の価値で回収せよ、というのである。あまりにも突飛だと見なされたこの提案は、初め一笑に付され、つぎには猛烈な非難を浴びた。だが、ハッチンソンはひるまなかった。四九年、本案はマサチューセッツ議会を通過し、実施の運びとなった。彼はみずからを、「今日の安定した通貨の父」と誇示している。
それゆえに、三パーセントの低利子で一五万ポンドの証券を発行しようという土地銀行に、ハッチンソンが反対だったのはいうまでもない。サミュエル=アダムズの父が有力理事であったこの銀行に対しては、代議員の大部分が支持し、総督シャーリーまでが不本意ながら承認したという状況のなかで、ハッチンソン一人が強硬な反対者であり続けた。そして、彼の態度が本国国会の賛同をよんで、四一年、泡沫条例の適用により、土地銀行は違法とされたのである。通貨問題で彼ほどの手腕を発揮したのは、ペンシルヴェニアのフランクリンだけであった――もっとも、ハッチンソンとは反対の立場だったのだが。

通貨問題に示された強い態度と実績とは、ハッチンソンを保守派勢力中の指導的人物に押し上げることとなった。具体案が実施された四九年、彼は代議員選挙に敗れたものの、直ちに参議員に選ばれ、以後一七年間在職した。ついで五二年には、死んだ叔父の後をついで、サフォーク郡の検認裁判所判事および民事訴訟裁判所判事となり、二年後には、かのオルバニー会議へのマサチューセッツ代表として、フランクリンと共に会議を牛耳った。この会議では、どのような植民地連合案を作るか、各植民地をどう代表させるかが主要議題とされたが、前者をフランクリンが担当したのに対し、ハッチンソンは後者の責任者となったのであった。

このような実績から、五八年、彼は副総督となり、二年後には、総督トマス=ポーヌルがサウス=カロライナ総督に転じるにおよんで、短期間ながらマサチューセッツ総督を代行した。当時、この地の住民は概して希望と活力とにあふれていた。一〇年まえ、ハッチンソンの提案で改められた財政状態は、このころさらに良くなっていたし、ケベック陥落によって、フランスからの脅威も遠ざかっていた。

社会が希望と活力にあふれるなかで、ハッチンソンは着々と政治権力の諸段階を上がっていった。すなわち六〇年九月、最高裁判所主席判事スティーヴン=シューワルの死を機会に、晩秋には、ハッチンソンが後をついだ。そしてその少しまえに、イギリスでは若冠二三歳のジョージ三世が即位した。ハッチンソン個人の運命をもまき込んで、第一次英帝国の完成と解体という二重の宿命をになう国王が登場したのである。

こうしたなかで、ハッチンソンによる権力掌握への道はさらに続く。フレンチ=インディアン戦争が終わる一七六三年までに、彼はマサチューセッツ政治において最も勢力を持つ人物となっていた——副総督、最高裁判所主席判事、参議会議長、郡検認裁判所判事、そして近年まで郡民事訴訟裁判所判事としてであり、いきおい俸給も莫大な額にのぼった。大きな不動産収入などですでに富裕者であったうえに、その年俸は正味三〇〇ポンドに達していた。一般の人が年四〇ポンドで快適な生活ができた、という時代においてである。ハッチンソンが立法、司法、行政の三権を掌握して、名実ともにマサチューセッツ政治権力の具象となるには、副総督から総督に昇任することが残されているだけであった。

❖微妙な立場

だがこのころから、ハッチンソンの身辺はあわただしくなり、はては危機的とすらなってきた。砂糖条例や印紙条例によって高められた、植民地反抗の波のなかにおいてである。

一七六四年の秋、ハッチンソンは参議会・代議会合同委員会の議長として、イギリス国会への訴状を作成した。それは、課税されないのを植民地の権利としてでなく、本国の寛大さとして要求したものである。彼は、イギリス国会による対植民地課税を否定はしなかったが、現在のようなやり方を不当とした。内部課税は従来どおり植民地立法部によって行われるべきこと、あるいは少なくも、植民地側の意向が十分代弁されるまで延期されるべきこと、以上が訴状の内容であり、合同委員会で満場一致承認された。ここに示された基本的態度を、ハッチンソンは最後まで変えていない。アメリカが英帝国の一部である以上、イギリス国会の優位は認めねばならない。しかし国会の優位を認めるとはいえ、それは表面に出さないでおくべきことであり、植民地は独自のやり方を許されなければならない——と、こう彼は信じた。当時、イギリス国会の優位を認めるという点では、ジェームズ＝オーティスのほうがハッチンソンより強硬だったのである。両者の違いは、オーティスがイギリス国会に植民地代表を送れと主張したのに対し、ハッチンソンはその可能性を認めず、たとえ代表を送ったとしても結果は植民地になんのプラスにもならない、と考えていた点にある。本国政界の動向から見て、この点、ハッチンソンのほうが洞察力を持っていたといえよう。

印紙条例に対しても、砂糖条例の時と態度は同じであった。ハッチンソンはいっている――「アメリカ人への課税は良い政策ではない。それは彼らの自然の利益を侵すものである。イギリスは、得るよりも失うほうが多かろう。」こうして、砂糖条例や印紙条例をめぐるハッチンソンの立場は、いちじるしく微妙となった。彼はどちらの条例にも反対だったが、他方、「国王の召使の一人」として、これらの法律を実施させ民衆の反対を抑えなければならなかった。周囲で日々に大きくなる民衆の不満の行先を、すでに彼は、植民地独立という不幸以外にはないと判断していた。独立を避けるためには、イギリス国会の優位を再確認する以外に道はなかったのである。当時、独立という結果を予測していた人が植民地に何人あっただろうか。

❖「ハッチンソン一揆」

こうしたなかで、一七六五年八月二六日の夜が来た。ボストンを恐怖状態におとしいれた「ハッチンソン一揆」である。その時までに、ハッチンソンの義兄弟であり印紙売捌《さばき》人のアンドルー＝オリヴァーは、群集によって家を襲撃され、自己批判と辞職とをよぎなくされていた。

オリヴァーはみずから望んだのでもないのに、また印紙条例を認めたのでもないのに、総督から印紙売捌人を命じられ、このような始末となったのである。そして、つぎはハッチンソンの番であった。「ハッチンソン一揆」の一部概要について、彼自身の手記をここに引用しよう（六五年八月三〇日、友人リチャード=ジャクソンへの手紙）。

（二六日の）夕方、私が食事をしており、子供たちが周りにいた時、誰かがはいって来て、群集が押しかけてくるといいました。私は安全な場所に逃げるよう子供たちに命じ、家を明けわたさない覚悟で戸を閉めました。しかし長女が私から離れるのをきらって、戻ってき、私と一緒でなければ家を出たくない、といい張りました。私はこれに勝てず、長女と共に隣家へ移りましたが、ほんの二、三分後に、身の毛のよだつような連中が悪魔のように猛り狂って家に押しかけ、またたく間に斧でドアを砕き、なかにはいりました。……ある者はそのまま屋上へ駆け上がり、他の者は階下の部屋や貯蔵所にあふれ、また他の者は戸外にいて、なかにはいるのを待っていました。つぎからつぎと、私のいる家には伝言が届きました。群集が私を探しにやってくる、というのです。私は庭をとおって、もっと離れた家に避難せねばならず、そこに朝四時までいましたが、その間に、当地で最も良い家屋の一つが壁と床以外には何もない、という状態になってしまいました。彼らは羽目板や掛け物をことごとく引き裂き、ドアを粉々に砕いただけでは満足せず、仕切り壁

総督時代のトマス=ハッチンソン

までも打ちこわしました。そして、そのことだけで二時間もかかったのですが、彼らはさらに天井と明り窓をこわし、屋根のスレートや板をもはがし始めました。夜明けが近くなったので、やっと建物の全壊はまぬがれたようなわけです。

　このような破壊行為は、いままでアメリカで行われたことがありません。……当地の政府が私と家族の損害を弁償するといっていますが、損害は三〇〇〇ポンド-スターリングを下らないと思います。当地の政府がそうするかどうか、確かではありません。もしそうしてくれないと、私には大変な負担となるので、私が受難者としてお仕えした陛下におすがりしなければならないのです。しかしこの程度の償いでは、（私が受けた）絶え間のない苦しみと不安とには不十分なのです。……こんなに悪い状態を、あなたは想像することができますまい。〔注〕

注　六六年一〇月、ハッチンソンはマサチューセッツ政府から約三二〇〇ポンドの損害賠償金を受け取っている。

八月二六日の夜、ハッチンソンに加えられた暴力行為は、はっきり彼の心に衝撃を与えた。以来、彼は民衆への警戒心をより一層強めることとなる。すでに見たように、これまで彼はつぎのように発言してきた。イギリスは植民地に課税する権限はあるが、それをしないほうが賢明なのだ、と。こうした考えは基本的には変わらなかった。しかし一揆以後、植民地は自己の服従的立場を再認識しなければならない、と彼の発言には力点の置きどころが変わってきた。要するに、イギリス国会の優位という「表面に出さないでおくべきこと」が、より一層表面に浮上してきたのである。

印紙条例をめぐる紛争の結果は、二つのフロントを明確にしたという点で重要であった。一方にはサミュエル=アダムズ、ジョン=アダムズ、後の大陸会議議長ジョン=ハンコック、ジェームズ=オーティスが反抗的代議員としており、他方には、総督フランシス=バーナード、副総督ハッチンソン、総務長官オリヴァーが権力側を代表していた。マサチューセッツ革命のドラマの主要人物が、顔をそろえたわけである。

❖「ボストン虐殺」事件と総督就任

一七六九年、いまやハッチンソンは五八歳の老練政治家であり、以後三年近く、総督バーナードの不在によって代理総督を勤めることとなる。そして、代理総督就任後八か月して起こったのが、七〇年三月の「ボストン虐殺」事件であった。

「ボストン虐殺」は、六八年九月イギリス軍四個連隊が市内に上陸したのち、翌年、うち二個連隊がハリファックス遠征を行った時に、この手薄なところを衝いた不平分子がイギリス兵と衝突して、三人の死者、八人の負傷者（うち二人は後に死亡）を出した事件である。事件のきっかけとなったのは、「二個連隊か無か」を叫んだサミュエル＝アダムズのアジ演説であった。後年、アダムズは当時を振り返って、ハッチンソンが自分の面前でいかにひるみ、膝が震えていたかを得意気に記述している。しかし、こうした記述にもかかわらず、ハッチンソンは決して臆病なのではなかった。緊急な事態に驚きはしたが、代理総督という責任感から、彼は適切な措置を講じたのである。

すなわち、差し迫った危機のなかで彼は街頭に立ち、秩序を守れと勧告もし訴えもした。状況は以下のようであった――積った雪は死者の血で染まり、イギリス軍は市街を焼こうとし、数千の群集は敵兵めがけてなだれ込もうとしていた。この時、ハッチンソンは議事堂のバルコニーに立って両者の抑制に努め、権力と勇気のほどを示したのである。事件の指導者を敏速に捕え、イギリス軍に過激な行動を控えさせて、これ以上の大事に至らせなかったのは、彼の采《さい》配《はい》に負うところが大きかったという。

秩序を守る——こうした気持は、タウンゼンド条例への反対として商人層が結んだイギリス製品不輸入協定への、ハッチンソンの態度にも現れている。彼によれば、不輸入協定はまさしく治安妨害であった。友人ジャクソンへの手紙（六九年一〇月四日）には、つぎのように書かれている。「商人たちの連合は明らかにきわめて犯罪的ですし、他方サンズ=オヴ=リバティも、おのれが認める方法でしか他人に財産の使用を許さないのですから、これまでにない最大の専制者といえます。（しかし）私には、彼らを抑えるため味方になってくれる人が見当たらないのです。」それにもかかわらず、代理総督たる彼の強い姿勢と、「ボストン虐殺」が商人層に与えた群集への恐怖とが一体になって、七一年七月、不輸入協定は一時崩壊することとなるのである。

こうした手腕と意志の力とが高く買われて、七一年三月、ハッチンソンは正式に総督に任ぜられた。総督就任は彼の望むところではなかった。「ボストン虐殺」事件の直後、彼は副総督の辞任をさえ、本国政府に願い出たくらいである。理由は、友人ジャクソンが書いたように、「ボストンにはびこっている無政府感情が、私の対応できる以上のもの」だったからである。

虐殺事件で示した勇気の反面、彼の不安が汲み取られよう。

だがついに、ハッチンソンは総督職を受諾した。そしてこれと同時に、義兄弟オリヴァーが副総督に任ぜられた。ハッチンソンの就任に当たって議会は沈黙を守っていたが、多くの方面で祝賀会が催された。特にハーヴァード大学はこの卒業生の昇進を歓迎し、学生たちは礼拝堂で新総督への頌歌《しょうか》をうたった。

ポール=レヴィアの版画
1770年のイギリスの風刺画を参考に書いたもの。左端にハッチンソンが、アメリカ抑圧の要員として描かれている。

ハッチンソンが総督に任ぜられてから数か月で不輸入協定は崩壊し、以後七三年五月、茶条例がイギリス国会を通過するまでは、いわゆる「静穏の時期」が続いた。サミュエル=アダムズを除いて、ジョン=アダムズ、ジョン=ハンコック、ジェームズ=オーティスといった錚々《そうそう》たる連中が、一時政治から手を引いてしまった。新総督の前途は無事のように見えたのであった。

しかし、この「静穏の時期」におけるハッチンソンの意中を察しよう。七二年一二月一三日、彼はイギリス新植民地大臣ウィリアム＝L＝ダートマス伯にあてて、つぎのように書いている。

ヴァジニア決議（六五年五月二九日、ヴァジニア議会を通過したパトリック＝ヘンリーの決議案）が初めて出た時は、それがあまりに大胆な一撃でしたので、サンズ-オヴ-リバティでさえ、われわれと共に、反逆だと言明しました。……（だがいまは）イギリス国会からの独立の権利が、日ごとにいちだんと強く主張されています。こういう意見を大目に見れば見るほど、人々の心のなかに降ろす根は深くなり、根絶することが一層困難となって……われわれは良い政府や秩序に戻ることができなくなるのです。

この手紙こそ、政敵サミュエル＝アダムズが革命の細胞としてボストン通信委員会を結成した一か月後に書かれたものであり、「静穏の時期」の真っ最中に当たっていた。二つのフロントの指導者、アダムズとハッチンソンが、共に来たるべき最終的決裂を予期し、秘策を練っていたのである。イギリス国会による対植民地課税権の否定が立法権の否定へ、つまり植民地独立へと進むことを、当時真に自覚していたのは、敵対者アダムズとハッチンソンを除いて、植民地のなかに誰がいたであろうか。

流転の人

❖書簡事件

一七七三年一月六日、ハッチンソンは上下両議会の開会に当たって演説した。その時の模様を、後年（一八一七年三月八日）ジョン＝アダムズは知人にこう書いている。「ハッチンソン総督は……いかなる場合にもイギリス国会が植民地に対して持つ至上、最高、絶対、無制約の権限を、全アメリカおよび全ヨーロッパに信じ込ませることができると思っていました。自分の力を十分確信して、彼は両議会あての演説を行い、このことが矛盾や疑問をいっさい通り越した力強い真実なのだ、と豪語しました。皆の者が驚いて立ち上がりました。そして両議会ともに、総督の演説を検討するための委員会を任命しました。もし率直な歴史家が現れたなら、それらの記録を調べるでしょう。議会での議事録を、私はその歴史家に残しておきましょう。」たとえアダムズの記述に多少誇張があったとしても、ここに、マサチューセッツ議会に漂っていたハッチンソンへの警戒心と反感とを汲み取ることができる。

それから半年後に起こったのが、ハッチンソン-オリヴァー書簡事件であった。事件の原因は、前年七二年の暮れ、当時ロンドン滞在中のフランクリンが両名の書簡をマサチューセッツ議会へ送った行為にさかのぼる。ハッチンソンの書簡は、彼が副総督であったころイギリスの友人にあてたものであり、アンドルー=オリヴァーのは、ハッチンソンに代わって副総督となった彼が、同じくイギリスの友人にあてた書簡であった。数か月の間、これらはサミュエル=アダムズの手にひそかに握られていた。良い潮時を待つためであった。そして七三年六月、つまり茶条例がイギリス国会を通過した一か月後に、彼は議会の席上で書簡を朗読した。

書簡は、「憲政をくつがえし、専制的権力を導入するものだ」と議会で決議された。どの新聞も書簡を記載し、またその写しはマサチューセッツのすべての重要都市に配付された。急進分子たちは、総督ハッチンソンとの戦いは悪魔に対する天使の戦いだ、と触れ回った。

実際には、ハッチンソンの書簡は急進分子が弾劾した内容とはかなりかけ離れていたのである。しかし、その文中にはつぎのような箇所があった。「帝国を維持しようとする以上、マサチューセッツでのイギリス人民の自由と呼ばれるものには、ある程度の制限が必要です。」このような言葉がサミュエル=アダムズらによって書き変えられ、ハッチンソンはイギリスの専制に好意的だとする論拠にされた。だが実のところ、ハッチンソンは、自由は秩序の回復によって初めて得られる、ということをいおうとしたにすぎないのである。

ともあれハッチンソン‐オリヴァー書簡の公開によって、両名の悪評は取り返しがつかなくなった。議会は両人の糾弾を決議し、公職追放の請願書を本国に送った。そしてこうした物情騒然のなかで、ハッチンソンにとっては、それ以上の最大の危機がおとずれようとしていた――「ボストン茶会」事件にいたる事態の動きである。

❖「ボストン茶会」事件と旅立ち

「ボストン茶会」事件の背景には、サミュエル＝アダムズに率いられた地方通信委員会が断固本国に反抗する心の準備と実際の訓練をしていた、という事実があったことを思いだそう。ボストン急進派は満を持して、来たるべき大躍進に備えていた。課税茶が港にはいって来るのは、まさにその好機であった。

それゆえにこそ、先の書簡事件で傷心のハッチンソンは、この際徹底的に茶条例を実施し反対派を押さえつけようとした。茶の受諾販売人五名のうち、二名を息子のトマスとエリシャ、他の三名をそれぞれ友人に命じたことからも、彼の決心のほどがうかがわれよう。ボストンの茶受諾販売人が他の植民地都市の場合と違って、財産や生命の危険にさらされながら任務に忠実であり続けたのは、父であり友人である総督の決意によるのであった。「茶会」事件から二〇日ほど後の一七七四年一月四日、ハッチンソンは心境をこう書きとめている――「私は通商諸条例を実施するため、力のあるたけを出すよう、神に誓ったのでした。」

「茶会」事件への報復として、イギリス国会は七四年三月のボストン港閉鎖条例に始まる一連の法律を可決した。そして五月には、トマス＝ゲイジ将軍がハッチンソンに代わって総督に任ぜられ、マサチューセッツに軍政をしくこととなった。

これより五か月もまえ、ハッチンソンはすでにイギリス行きを決め、出港の準備を始めようとしていた。それは、マサチューセッツの政情を国王はじめ、イギリス朝野の政治家に報告して善後策を考える、という公的義務感から出たものであった。

だが、ハッチンソンの旅立ちは不幸な出来事の突発によって、少し遅れた。喜びも悲しみも共に分け合ってきた、生涯で最も親しい友人かつ義兄弟のオリヴァーが、三月三日に死去したのである。不穏な光景は、葬儀に当たってあちこちに見られた。代議員のお歴々は行列に参加しなかったし、群集は野次をとばし、会葬者が墓地から帰ってくると、馬鹿にして三たび拍手するというありさまであった。しかもこの葬儀に、オリヴァーの兄弟で最高裁判所判事のピーター＝オリヴァーは、身辺の危険を感じて参列しなかった。ハッチンソンは野辺の送りをした後、出港準備を急いだのである。

六月一日――この日、ハッチンソンは旅立つこととなった。彼の邸宅があるボストン南方六マイルのミルトン-ヒル高台の眺めは、五月下旬から六月上旬が格別素晴らしかった。青々としたボストン港は一望のうちに見下ろせたし、家の周囲や沿道の緑は目にしみるようであった。

ハッチンソンの伝記作者ジェームズ=K=ホスマーは、彼の旅立ちの模様をこう記述している。「私はミルトン-ヒルで、ある老人からつぎのようなことを聞いた。この老人は、若いころ総督（ハッチンソン）の友人であった祖父の話を受け売りしたのだが、ハッチンソンは永久に家を後にした当日、機嫌が良かったということである。」

アンドルー=オリヴァー　ハッチンソンの義兄弟で、生涯の友であった。

公的義務感からイギリスに渡るとはいうものの、ハッチンソンには長期不在という気持は毛頭なかった。ゲイジによって軍政はしかれるが、軍政は一時的にすぎず、自分が総督に復帰することは国王の承諾を得ている、と彼は信じ切っていた（ハッチンソン著『マサチューセッツ湾植民地の歴史』第三巻、参照）。そして不在中でも、俸給はそのまま継続ということだったのである。

さて、やおらハッチンソンは高台を降り始め、近所の人々に会釈した。翌年には没収されてジョージ＝ワシントンの持ち物となってしまう馬車で、彼は港まで行った。港には、イギリス向けの船ミネルヴァ号が待っていた。そして、一〇〇人を越える有名人が見送ってくれた。彼は乗船するまえに、ボートを漕いでウィリアム城が立っている小島に行き、その土を踏んだ。そしてこれが、マサチューセッツに彼が残した最後の足跡であった。

❖国王への拝謁

七月一日ロンドンに到着したハッチンソンは、直ちにその足で植民地大臣ダートマス伯と会い、一時間ほど打ち合わせをした後、国王ジョージ三世への拝謁を許された。慣例に反して謁見は国王の私室で行われ、二時間にわたった。どのように有意義な会話が交わされたというのだろうか。大体の模様はつぎのとおりである。

国王――「貴下はどうして、貴下の政府をやめたのか。またどうして、（植民地の）人民は先の対策のこと（強圧的諸条例のこと）を知ったのか。」

ハッチンソン――「ボストンを出る時には、港を閉鎖するという法律のほか、まだ国会の法律のことは知りませんでした。それは人民にとって、このうえなく憂慮に耐えないものでした。」

話の切り出しから、状況認識の相違や感情の疎隔があり、何か変であった。国王は、反対派指導者の一人としてトマス＝クッシングのことに触れた。ハッチンソンは答えた――「アダムズ氏のような人物がむしろ、政府への反対者と思われますし、ニュー‐イングランドでのウィルクスといえましょう。」

国王――「彼を重要人物にしたのは何なのか。」

ハッチンソン――「自由を熱望しているような素振りと、非常に頑固な生来の気質とです。彼が、王国やその最高権威からの植民地独立を公けに主張した最初の人物なのです。」ハッチンソンはまた、ニュー‐イングランドの教会事情を国王に説明し、自分は非国教徒だともいい切った。

国王――「そうか、貴下の牧師たちのどういう人が、政府反対という点で一般に人民と一緒になるのか。」

ハッチンソン――「彼ら（牧師たち）は人民に依存しています。彼らは人民によって選ばれます。そして人民が彼らに満足しない時は、人民は彼らがやめるまで手を引かないのです。」

国王――「それは大変危険なことに違いない。もし人民が政府に対して、その誤った主義主張を彼ら（牧師たち）に受け入れさせようとするのなら、宗教でもまた人民はそうするだろう。このことは、きわめて致命的な風潮をもたらすに違いない。」

二人の話はさらに続いて、アメリカの人口増加や気候・産物のこと、植民地の制度のこと、住民が概してイギリスに忠実でないことなどに及び、そのつど意見が食い違った。話題は三転、四転して、終わりにはハッチンソンの家族のことやインディアンの現状・将来などに移り、取り留めのないうちに二時間がたってしまったのである（J=K=ホスマー著、前掲書参照）。

謁見の直後、国王は首相フレデリック=ノース伯にあてて、つぎのように書いている。「朕は……ハッチンソン氏に会い、（植民地）人民がすぐ静かになるだろうと確信した。氏の考えでは、ボストン港閉鎖条例こそ唯一の賢明で有効な方法であった。」

だが、国王がノースに書いたようなことは、あり得ようはずがなかったのである。国王の書簡は出任せであった。謁見の瞬間から二人はすれ違っており、二時間たっても焦点は合わなかった。そしてすれ違いが、ハッチンソンにはひしひしと感じられた。「国王の召使の一人」を自任し、義務感から渡英した彼に報われたものとしては、何があったのだろうか。

それでも、ハッチンソンは以後しばしば宮廷を訪れ、国王と王妃とから親切に扱われた。ダートマス伯を通じて貴族（男爵）に列するという沙汰もあったが、身に余る光栄として固辞し、年金だけを頂戴《ちょうだい》することとした。そして異郷での不本意な生活が続くにつれて、望郷の念が募ってきたのである。

❖独立宣言書糾弾

一三植民地が独立宣言書を発表したのは、ハッチンソンの渡英から二年後のことであり、彼はその写しを七六年八月に読んだ。彼によれば、独立宣言書は「国王の多くの行為を専制行為として故意に挙げつらう、きわめて破廉恥な文書」であった。宣言書中に「長期にわたる暴逆と簒奪《さんだつ》の連続」として引用された「諸事実」は、まさしく間違っており、真実が明るみに出れば、反乱と独立に対するこうした弁明は、世界にとって「まったく根も葉もない」ことがわかるだろう、というのであった。

独立宣言書はハッチンソンの目には、彼の政府および彼個人への攻撃文であり、陰謀を正当化するための文書と映じた。二八項目にのぼる国王弾劾の多くは、直接彼個人に向けられたものであり、印紙条例一揆での家屋破壊に始まって例の書簡事件に至る、一連の陰謀行為の最終的弁明だと思われた。彼は決心した――自己自身や自己の政府の評判を落とさないためにも、これらの非難を論駁《ろんばく》しなければならない、と。七六年一一月、匿名で出したパンフレット『高貴な君《きみ》への書簡――フィラデルフィア会議宣言書の糾弾』がそれである。

パンフレットにはまず、ハッチンソンの高ぶる気持が表明されている。

どのような意味で、あらゆる人間は平等につくられているとか、どこまで生命・自由そして幸福の追求が不可譲といえるのだろうかを……いまさら私は問題にしようとは思わない。ただ私がメリーランド、ヴァジニアおよび両カロライナの代表たちに尋ねたいと思うのは、これらの権利がかくも絶対不可譲というのなら、どうしてその選挙民たちが、何十万人ものアフリカ人から自由および幸福の追求という権利を奪い、生命を守る権利まである程度奪うのを正当化しているのか、ということである。

こう切り出したハッチンソンは、続いて、彼のいう独立宣言書の「誤った前提」、つまり、植民地人は別個の人民であり、王国は政治的紐帯《ちゅうたい》で結ばれた別個の存在だ、というテーゼに反発する。彼によればそれは仮説にすぎず、なんらの真実性をも持たない。また、政治的紐帯を断ち切るために自然権思想や契約説を持ち出したことも、不当なまじないにすぎない。「長期にわたる暴逆と簒奪の連続」という理由で、植民地側は反乱を正当化したが、前提が誤っている以上、反乱は許されるべきではないのである――こうハッチンソンは断定した。彼は宣言書中の国王弾劾部分をいちいち取り上げ、その非を説明し、特に自分が熟知しているマサチューセッツでの出来事を具体例に挙げて、宣言書の内容をすべて不正確か、または誤りだと葬り去ったのである。

❖闘争の真の目的は

以上概言したような、二八項目にわたる国王弾劾への個々の反駁《はんばく》が、パンフレットの大部分を占めていた。しかしハッチンソンが最もいいたかったこと、つまり自己の心の深層を述べたのが、初めの部分と結論の部分とであった。闘争の真の原因は何か？——これが彼の最もいいたかった点なのである。そして彼によれば、闘争の原因はかくも不正に国王の責任とされた「暴逆と簒奪」にあるのではなくて、「イギリス国会の諸法律に反抗する表面上の理由となった課税が提案され実施される以前に、すでに独立の考えを持っていた各主要植民地の人々」のアジ行為に帰せられる、というのであった。

ハッチンソン自身、イギリス国会の対植民地課税を適切だと考えたことは一度もなかった。しかし、「たとえ課税が植民地に行われなかったとしても、イギリス国会の権威を排除するためには、別のいい分が考え出されたであろう」。彼ら扇動者たちが、「独立達成上の正規のプラン」を持ったことはないのである。彼らの考えは、「王国に対する植民地側の愛着をなくさせて、新しい状況をつくり出し、これを独立という目的に役立てようとした以外の何ものでもない」。「譲歩はより一層の要求を生み出したにすぎず、したがって、私は真にこう信じるものなのだ——完全独立より一歩手まえの、どのような事態が容認されようと、彼らは満足しなかっただろうということを。けだし完全独立こそ、彼らの当初からの目的だったからである。」

それだから、とハッチンソンはさらに突っ込む――課税の脅威は大げさに誇張された。根拠もないのに専制という恐怖感が、かつてない大陰謀の正当化に拍車をかけた。偽りの手紙や盗まれた手紙が公開された。イギリスの国内で無情な反政府運動があったにもかかわらず、これを放置したことが、政府くみし易《やす》しの風潮を助長した。「イギリス国内での暴動や騒動、法の軽視や無視が、植民地内での同じような不穏状態を大きくし、正当化し、植民地政府権力を絶滅させるのに役立った。以前は善良で忠誠な臣下だった何千という人々が惑わされて、程度の差はあれ、最上の君主および最も穏健な政府に反抗するようになったのである。」

そもそも、独立宣言書を公表する理由がどこにあったのか。ハッチンソンはつぎのように断を下す。明らかなのは、それが「人類の意見を尊重する意味において」(独立宣言書中の語句であることに注意せよ―注)必要なのではなく、きわめて現実的な政治目的において必要だった、という点である。これまで、独立をめざす扇動者たちの表面上の主張は、自分たちはいささかも独立を求めているのではない、ということであった。ところが、さて目的を達成しようとするに当たって、扇動者たちはいささか、「洗脳されるまで独立など考えもしなかったアメリカ人民と、独立という点で和解する必要に迫られた。そしてこの計画は、実に見事に成功した。」――以上がハッチンソンの真意である。異郷にあって、独立宣言書に悲憤慷慨《こうがい》するハッチンソンの気持が、パンフレットを通じて伝わってくるではないか。

❖望郷の果てに

家計面から見れば、亡命後少なくも当分の間、ハッチンソンは困っていなかった。その経営の才は、何年もまえから主にイギリス東インド会社への投資として発揮されており、彼がイギリスに着いた当時には、投資額が五五〇〇ポンドにのぼっていた。これに加えて年金一〇〇〇ポンドが下付され、またフィリップ＝ハードウィック卿から立派な住宅をも提供されていた。そして家族は、それぞれ妻と三人の子供とがある息子のトマスとエリシャ、娘のサラーとその夫ピーター＝オリヴァー、末娘の「ペギー」と末の息子「ビリー」、そのほか女中を入れて二五人の大世帯であった。王党派亡命者のなかでは、最も安定した生活が許されていたのである。

それにもかかわらず、イギリスでのハッチンソシの日記は哀愁に満ちていた。それは、異郷生活と主義主張の敗北とで傷心した人間の記録であった。彼は望郷の念に駆られた。ハードウィック卿への手紙には、つぎのように書かれている。「これは確かに高級な生活です。ではありますが、私はミルトンの見すぼらしい小屋を手離すつもりはなかったのです。」彼は、骨をボストン以外のどの地にもうずめる気はなかった。彼の心は、彼に悪口をついた土地や人民のほうにいつも向いていたのである。

ハッチンソンの家　ミルトン-ヒルにあり、「マサチューセッツのモンティセロ」と呼ばれた。

だから、独立戦争の進行状態にハッチンソンが気を配ったのは、いうまでもない。一七七七年八月二〇日の日記にはこうある。「どの人もタイコンデローガの戦いの知らせを信じており、ニューイングランドがいまや目標となるだろうことがいわれている。私はみじめなボストンの破壊を恐れる。」

しかも七七年が経過するにつれて、家庭事情と戦況との両方が、さらにハッチンソンを痛めつけてきた。筆記の手伝いをさせていた最愛の末娘「ペギー」が、九月一日に肺病で死んだ。そして一二月には、サラトガでのバーゴイン将軍降伏の知らせが届いた。娘の死と共に、これは非常なショックであった。その時、彼はいっている。「われわれのほとんどが、ここに骨をうずめる気持になったのです。」

状況の悪化からくる傷心は、七九年一〇月二二日の日記にも現れている。イギリスがフランスおよびスペインと開戦し、敵国艦隊の脅威が差し迫っていること、加えてアイルランドは反乱寸前にあり、イギリス国内に激動が待ち構えていることを、彼は悲痛な気持で書きとめている。

さらに八〇年二月一日の日記には、こう書かれている。「アメリカへ引き返し、四代にわたる祖先の地に……骨をうずめるという見込みは、ますます少なくなった。」戦況が激化し望郷の念が募れば募るほど、願望は遠ざかっていったのである。

しかもこの年、八〇年には、三年まえの「ペギー」の死に続いて、一家の不幸がさらに重なった。二月二〇日には「ビリー」が、六月二五日にはエリシャの子供が、六月二八日にはサラーが、それぞれ死去した。しかも、孫と娘サラーが先立つまえに、死がハッチンソン自身を待っていた——六月三日のことである。

息子エリシャは、父の死の模様をつぎのように伝えている。

いつものように朝八時に目をさまし、朝食を取り、元気そうであった彼（父ハッチンソン）は、色々なことをよく喋ったが、時折り、もうすぐ死ぬかもしれないといい、聖書の文句を繰り返した。そして、死ぬなら奇麗《きれい》に死にたいと、彼は召使のリリーにシャツの着替えを命じた。彼は突然椅子から立ち上がり、数ヤード先の馬車のほうに向かったが、そこで「助けてくれ！」と叫んだまま、息も絶え絶えになった。……

こうして、ハッチンソンは卒中で死んだ。時に六八歳であった。六月九日、遺骸はロンドン南方のクロイドンに葬られた。大黒柱の死というショックが、同じ月に孫や娘の死を誘ったのかもしれない。

一家のこの不幸をさらに倍加して、ボストンおよびミルトン゠ヒルにあったハッチンソンの財産は、七九年の土地没収法で取り上げられた。戦争でいかに下落した通貨ではあっても、彼の財産は実に九万八〇〇〇ポンドを越える価額で売却された。祖先や妻が眠っていた墓地までも没収されたのである。

ハッチンソンが死んだ時、ロンドンはゴードン一揆で沸き立っていた。この一揆は政府の対カトリック教徒温情措置に反対した新教徒が、ジョージ゠ゴードン卿を指導者として起こした騒擾《そうじょう》であり、市民の死傷者は三〇〇人にも達した。街の随所に火の手が上がり、酒に酔った群集は見境もなく人を殺し、為政者や貴族の家に押しかけんばかりであった。ハッチンソンの柩《ひつぎ》はもうもうとした煙と怒号のなかを、静かに進んでいった。大西洋の彼方では、二年まえに内乱が国際戦争へと発展し、まもなく事実上の大詰を迎えようとしていた。第一次英帝国の解体を見ないうちに世を去ったことが、英帝国の権威に信頼を置き続けたこの人にとっては、せめてもの救いであったのかもしれない。

V

ジョーゼフ゠ギャロウェイ

——執念に生きた王党派

名望政治家

❖少壮弁護士から代議員へ

　ハッチンソンと同じく王党派に属しながら、自説を頑《がん》として譲らず、亡命後も精力的な活動を続けたのが、フランクリンやディキンソンと並ぶペンシルヴェニアの代表的政治家の一人、ジョーゼフ＝ギャロウェイであった。彼の生い立ちは、同郷人であり政敵でもあったディキンソンの生い立ちに、非常によく似ている。

　ギャロウェイは一七三一年、メリーランドのアン－アルンドル郡内、ウェスト－リヴァーに生まれた。姉と妹がいる。曾祖父リチャードはロンドンの人で、一六六二年、領主ボルティモアの許可を得てメリーランドに相当の土地を獲得し、すでに財産家であり名士として知られていた。その孫ピーターは、一七一五年、クウェーカー教徒の祝福を受けてエリザベス＝リグビーと結婚、ジョーゼフの父となった。

四〇年、ギャロウェイ一家はフィラデルフィアに近い、デラウェア河畔のケントへ移住した。ちょうどディキンソン一家が子供の教育のため、デラウェア中部のドーヴァーに移ったごとくである。ジョーゼフにとってもジョンにとっても、環境の選択が将来に与えた影響はすこぶる大きい。

少年時代に父を失って家督を相続したギャロウェイは、財産管理のため法律の勉強を志してフィラデルフィアに移り、四九年には、ペンシルヴェニア最高裁判所で弁論に立つ資格を取った。まだ彼が二〇歳にならない時のことである。そしてこの間、彼はフィラデルフィアで最も著名なジェントリークラブ、すなわちスクールキル漁業会社の一員となった。彼がいかに才気煥発《かんぱつ》の青年であったかが、ほぼ想像されよう。

若き日のギャロウェイ
ペンシルヴェニア史学会所蔵のエッチング。M. ジェンセン教授の厚意による。

五三年、ギャロウェイは、ペンシルヴェニア議会の重要人物で議長の経験もあるローレンス＝グローデンの娘グレースと結婚した。グローデン家は人も知る大鉄工場の所有主であり、大財産家であった。ディキンソンが政界の長老で最も富裕な

フランクリン　ペンシルヴェニア政治でギャロウェイの先輩。1767年当時。

商人の一人、アイザック＝ノリスの娘と結婚して、財力と政治力を大きくしたように、弱冠二三歳のギャロウェイはただ富裕者というばかりでなく、フィラデルフィア第一流の少壮弁護士であり名士だったのである。独立戦争が起こった当時、彼はアメリカ全体を通じて最も富裕な一人であり、没収された財産は四万ポンドにも達していた。ともあれ、結婚は彼の将来に大きなプラスとなった。欲をいえば、息子三人がともに夭死《ようし》し、娘はエリザベス一人だけというのが物足りなかった——後年、彼女は父と共に亡命し、イギリスで結婚している。

さて五六年、ギャロウェイは二五歳で議会入りを果たした。議会での彼の活躍ぶりについて、当時の人はこう説明している。「ギャロウェイ氏は雄弁であり、本国の法および司法上の手続きに関する該博《がいはく》な知識をもって、自己の才能を十二分に発揮した。」六九年、彼は法律家として、また公人としての業績に対し、ニュージャージー大学から法学博士の称号を与えられている。一歳年下のディキンソンが同じ大学で同じ学位を得たのは、その一年まえのことである。ギャロウェイが代議員となった当時、ペンシルヴェニア議会を率いていたのは、二五歳年長のフランクリンであった。二年まえから始まっていたフレンチ－インディアン戦争にどう対処するか、また領主ペン家の財産にどう課税すべきかという重要問題をめぐって、ギャロウェイはフランクリンの片腕となった。そして五七年一月末、議長ノリスとフランクリンとがこれらの問題に関してイギリスに派遣されてからは、ギャロウェイが議会内での反領主派のリーダーにのし上がった。彼は政界入りの直後から、つまり二六、七歳の若さで、重要な公共問題すべてに関与した――種々の決議文の作成、公的会合での演説、イギリス派遣委員への指令、防衛対策、課税、道路の補修、戦時中ノヴァ－スコシアからやって来た難民の保護、通商規制とインディアン対策などである。フランクリンが帰郷し、フレンチ－インディアン戦争が終わった一七六三年当時、ギャロウェイはフランクリンと並ぶペンシルヴェニアで最も活動的な政治家であった。

六四年は、ペンシルヴェニア政治において重大な年に当たる。このクウェーカー植民地は、政体を変更して王領にするという大胆な提案をめぐり、中央から地方に至るまで揺れ動いていた。そして領主制打倒運動に占めるギャロウェイの際立った役割からして、この年は彼個人にとっても重大な年となった。彼は一時、代議員選挙に敗れただけでなく、もっと不幸なことには、生い立ちも似通っているディキンソンと激しい敵対関係にはいったのである。

❖パクストン一揆

両者の不和を知るためには、ペンシルヴェニア政治情勢に少し立ち入る必要がある。この領主植民地では、二つの勢力が対立していた。一つは領主派であって、参議会に勢力を持ち、他は反領主派であって代議会に多数を占め、いわゆる「クウェーカー代議会」を構成していた。植民地の発達につれて勢力を増してきたこれら反領主派の大商人・大地主たちは、領主財産への課税措置、植民地収入の処分、インディアンとの毛皮取引などをめぐって領主派に対抗しながら、他方では西部農民や都市民衆の台頭を恐れていた。こうしたなかで、事態を危機的な段階にまでもっていったのが、一七六三〜六四年のパクストン一揆であった。では、パクストン一揆とは、どのような性質のものであったのか。

フレンチ-インディアン戦争中、インディアンがフロンティア移住地を大々的に破壊した時、西部農民は領主に救援を請わざるを得なくなった。クウェーカー代議会がフロンティア防衛費を出す見込みは立たなかったからである。そのことは単に、クウェーカーの平和主義にだけ帰せられない。大きな理由は、クウェーカー代議員が毛皮商人として、インディアン交易から巨利を博していた点にある。

こうして戦時中、西部農民は領主派に接近し、フィラデルフィア在住の領主代理総督は農民の支持を背景にして、軍隊召集を代議会に要求した。ところが代議会は、領主財産への課税が承認されなければ総督の要求には応じられない、と反論した。もちろん、領主派がこれに同意するはずはない。領主派と反領主派代議会とが抗争し、これといった対策も講じられないままに、フロンティア移住地は焼かれ、西部農民の怒りは爆発した。インディアンへの直接の怒りは、一転して為政者への暴動と化した。その口火を切ったのが、ランカスター郡内パクストン移住地に住む農民の一団であった。六三年一二月、彼らはコネストーガにある友好的インディアンの集落を急襲して六人を殺害し、さらにランカスター市に侵入して、避難中の他のインディアン一四名を虐殺した。しかもこの暴力行為は、より大きい暴動への小手調べにすぎなかった。事態の重大さを知った領主派と代議会とは、ここでいちおう歩み寄り、暴動取締法を可決した。しかし、暴動取締法は西部農民の反感を倍加した。パクストンおよびその周辺の農民一〇〇〇人が、一斉にフィラデルフィアに向かって行進した。

この時、危機の打開に当たったのが、ギャロウェイとフランクリンとを含む四人の折衝委員であった。ジャーマンタウンでの数時間にわたる交渉の後、農民はひとまず引き返すことに同意したが、農民指導者の二人は残留して「不満の宣言」を作成した。本宣言文は、インディアンを追放し、殺害者であるパクストン農民を裁判せず、西部諸郡にもっと多くの代議員数を割当てろという内容のものであったが、農民裁判が行われなかった以外、農民の要求はすべて

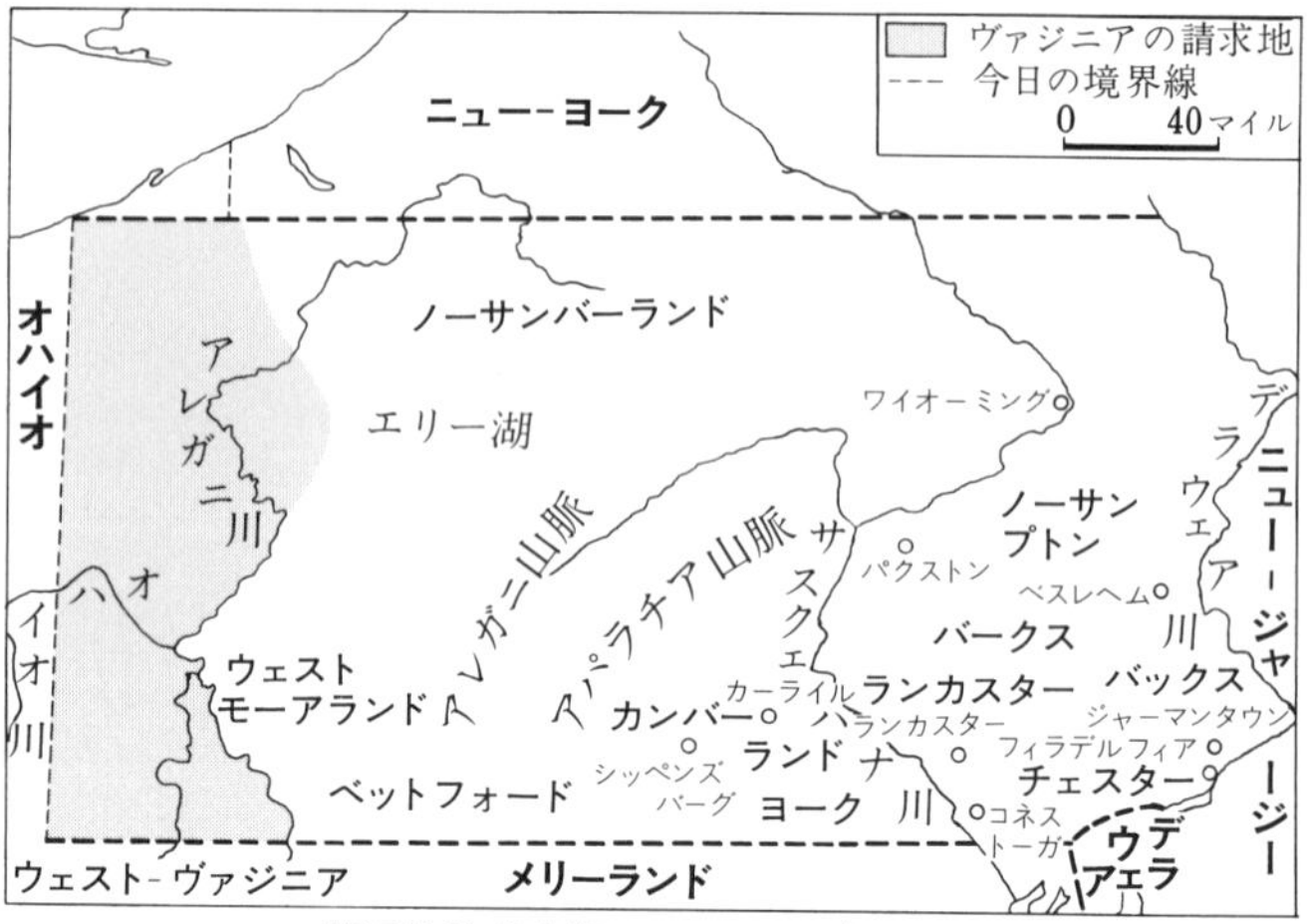

植民地時代末期のペンシルヴェニア

放ったらかしにされていた。パクストン一揆の結果残ったものは、クウェーカー代議会と西部農民との間の悪感情にほかならなかった。そして、この問題にギャロウェイがかかわっていたということを、パクストン農民は忘れなかった。彼らの悪感情は、やがて本国と植民地との関係がにっちもさっちもいかなくなった時、ギャロウェイの侮辱行為として表面化するのである。

❖政敵ディキンソン

パクストン一揆はさらに、植民地王領化の問題をめぐって、クウェーカー代議会を分裂させる契機となった。ギャロウェイとディキンソンとの不和は、ここに胚胎《はいたい》する。領主派でないにもかかわらず、ディキンソンは領主制の存続を主張した。いま政体を変えることはよろしくない。もし王領植民地となれば、ペンシルヴェニアでは国教会が公立教会となるだろうし、また自分たちクウェーカー教徒は選挙権を奪われるだろう。そのうえ、イギリス軍が駐屯することにもなろう。要するに、ディキンソンを指導者とする代議会内の一グループは、一六八一年国王チャールズ二世がペンに与えた特許状を基本憲法として、領主制の擁護に立ったのである。

これに対して、ギャロウェイは王領化を主張した。武装した西部農民集団が市内にやって来る。「その心配で、政府は自己自身をも人民をも守り切れない。……われわれの現在の安全、そして現在の生存は、国王の軍隊や少数の勇敢な有志と自由の友だち、および公徳心のお陰である。」王権に頼る以外に、現在分裂状態のペンシルヴェニアを守る方法はない。だから、政府を領主派の手にゆだねておくよりも、国王の下に置くことのほうがはるかに適切なのだ、と。要するにギャロウェイは、王権による社会秩序の回復をめざして、あるいは、領主派と西部農民との接近を防ぎ代議会の自主性を守る一手段として、王領化を主張したのであった。王党派となるギャロウェイの萌芽は、すでにここに見られるのではなかろうか。

ともあれパクストン一揆を導火線として、植民地の形態に関する論争が代議会を支配し分裂させてしまった。その結果、西部農民の宣言文は審議されず、一七六四年五月には、彼らが二〇〇〇名からなる大集団をもって、再びフィラデルフィアへの行進を準備した。緊迫した事態のなかで、五月いっぱい、ギャロウェイとディキンソンとの激しい応酬が代議会の席上ばかりではなく、会期が終わった後も、パンフレットをとおして続けられるのである。

両者のいわゆる「パンフレット決闘」を、ここで詳しく述べる余裕はない。ディキンソンがギャロウェイの演説やパンフレットを「うわべを飾ったもの」ときめつければ、ギャロウェイはディキンソンを、「絶えず昇進に飢えた」人物となじった。感情問題にまでもつれた両者の関係は、二度と好転することがなかった。六六年から数年間、ディキンソンが野にあったのは、ペンシルヴェニア政界がギャロウェイに牛耳られていたからであり、またディキンソンが最初の第一回大陸会議代表になれなかったのも、同じ事情によっている。こうしたなかで、単にペンシルヴェニア植民地だけでなく、一三植民地全体にかかわり、やがて両者の運命をはっきり分ける大問題が生じた。いうまでもなく対英紛争である。

❖対英紛争のなかで

印紙条例の可決、ついで実施をめぐる興奮の真っただなかで、ギャロウェイの言動は本国一辺倒であるように見えた。条例の実施後三か月余り、一七六六年一月九日、彼は「アメリカーヌス」と題する論評を『ペンシルヴェニア-ジャーナル』紙に載せて、本国への反抗的行為がどういう弊害をもたらすかを同胞に警告している。彼はいう――本国の寛大さによってこそ、これまで植民地は従順を押しつけられずに済んだのに、いまは植民地側が本国を立腹させてしまった。反抗的行為をやめるのでなければ、早晩、強制を加えることがイギリス国会にとって不可欠の義務になるだろう、と。

この論評は当然のことながら、ギャロウェイに対する朝野の憤りを喚起した。彼はイギリス追従の「トーリー」とののしられ、当分の間「アメリカーヌス」という渾名《あだな》をつけられた。二年後、ディキンソンは『ペンシルヴェニア一農民の書簡』第一二信で、名指しこそしてないが、ギャロウェイをこう非難している。「不正な野心の顕著な例がここに見られます」「印紙条例を支持し、無鉄砲にも祖国および正義をないがしろにして名を挙げた人々が、見苦しくも、だらだらと延命させられているのです。」印紙条例紛争からその直後にかけて、ギャロウェイは徹底した王党派、反英運動を抑えつけようとした人物、というレッテルを張られたのであった。

だが、事実は違っていたのである。ギャロウェイは印紙条例に反対だったのであり、それが撤廃された時は心から喜んでいる。しかし彼は、立憲的な権威への大胆な反抗のほうを、印紙条例それ自体よりも恐れていた。法と秩序に立脚したイギリス国会の課税のほうが、無法の自由よりも祝福されるべきなのであった。もし人間の諸悪のなかで最大のもの、すなわち、国王ないし国会の恣意的な行為とデマゴーグの専制との、いずれかを選ばねばならないとすれば、国王ないし国会の専制行為のほうが害が少なかろう、と彼は考えていたのである。

印紙条例が可決された当時、ギャロウェイは野に下っていたが、代議会に持つその影響力は隠然たるものがあった。印紙条例を向こうに回して、代議会で可決された種々の決議文は、ディキンソンが提出した諸案よりは妥協的であり、またディキンソンが所属しない委員会で作成された。そして印紙条例に対する比較的妥協的な態度や、印紙売捌人ジョン＝ヒューズとの親交や、領主派からの不断の圧力にもかかわらず、ギャロウェイは六五年の代議員選挙に当選し、以後、独立戦争勃発のころまで一〇年間、同じポストを維持することとなる。それのみか、彼はただ一か年を除いて、六六年から七四年まで議長を勤めている。

容易に想像されるように、ペンシルヴェニア代議会議長はまことに困難なポストであった。代議会と領主派との関係は緊密でないどころか、敵対的でさえあり、ギャロウェイはその反領主派の最右翼に立っていたし、さらにイギリス国会の諸条例をめぐって、本国と植民地との間には緊迫した空気が漂っていた。こうした状況のなかで七年間も議長を勤めたということは、彼の並み並みならぬ力量を証明するものであり、同時に、ヴァジニアやマサチューセッツとは違ったペンシルヴェニア政界の保守的な空気をも示しているといえよう。

さて、茶条例に始まって「ボストン茶会」事件に至り、強圧的諸条例をもって本国がマサチューセッツに報復するという、七三年春から七四年春までの事態を背景にして、ペンシルヴェニアの動向は強く他の植民地の関心を引いた。富と住民の数、またその位置からして、同地は政治的にも経済的にも一三植民地を結ぶかなめ石となっていた。マサチューセッツやヴァジニアの対英急進派はこの事実をよく認識し、クウェーカー代議会の応援を得るよう心を砕《くだ》いた。だが、議長ギャロウェイに代表された同地代議会の保守的空気を打破することは、容易な業ではなかったのである。

第一回大陸会議開催の提案が代議会を通過した時でも、ギャロウェイはつぎのように考えていた。大陸会議への代表は法的に構成された議会から選ばれるべきであり、無責任な人々の不法な集会を通じてであってはならない、と。ペンシルヴェニア議会内の通信委員会がマサチューセッツ議会に送った七四年六月二八日付の回状のなかに、彼を筆頭とする同地代議員たちの一般的空気が汲み取れる。

われわれがなすべきことは、冷静かつ公平に、（ボストン港閉鎖条例の）成り行きを観察し、これを避けるべく、あらゆる合理的ないし有効な手段を講じ、イギリス臣民の権利をもってわれわれが要求し得るような救済を受ける、ということである。

要するにギャロウェイは、ボストンに対するイギリス国会の強硬措置に反対であり、それゆえにこそ大陸会議の開催提案に同意したが、マサチューセッツやヴァジニアの対英急進派がめざすような「過激な」抵抗には反対した。たとえば、対本国通商断絶同盟の結成などは、彼にとって考えられないことであった。

それにもかかわらずギャロウェイは、イギリスの憲政にも欠陥があることを認めた。したがって彼によれば、植民地側の要求はこの欠陥を正し、本国との間により緊密な政治連合をつくる方向へと進むものでなければならない、というのであった。そしてこの目的のために、彼は、自分自身を含む大陸会議へのペンシルヴェニア代表が厳守すべき訓令を、つぎのように作成している。すなわち、「アメリカ側の不満を除去し、その権利を確認し、（英米）両地域の安寧と幸福とに最も必要な連合および調和を実現する見込みがきわめて高いプランを作成し、採択することに全力を」挙げよ、というのである。この訓令を固く心に誓って、大陸会議でのギャロウェイは重要な一委員会、「植民地の権利と不満とを申し立てる委員会」に所属し、活発な行動を続けることとなる。

帝国連合案を振りかざして

❖大陸会議での敗北

ギャロウェイの最初のねらいは、対本国通商断絶同盟結成の提案をつぶすことであった。こうした意見なり行動なりは彼一人に限られなかったが、最も強硬な反対者の一人として、通商断絶同盟が有効な抗議手段にはならないと考えた彼の洞察力は、大方の大陸会議代表よりも抜きん出ていたといえよう。

事実、強圧的諸条例の場合における植民地側の経済的抗議は、本国の商工業者に打撃とはならなかったのである。それどころか、当時、本国の貿易はすこぶる活発であった。そのことはスペイン、ロシアおよびトルコに新市場が開拓されたという事情からきている。スペインでは、対アルジェリア戦に備えて、イギリス製品への需要が増加した。ロシアおよびトルコでは、一七六八年、第一次露土戦争の開始とポーランド第一回分割とによって、イギリス製品への需要

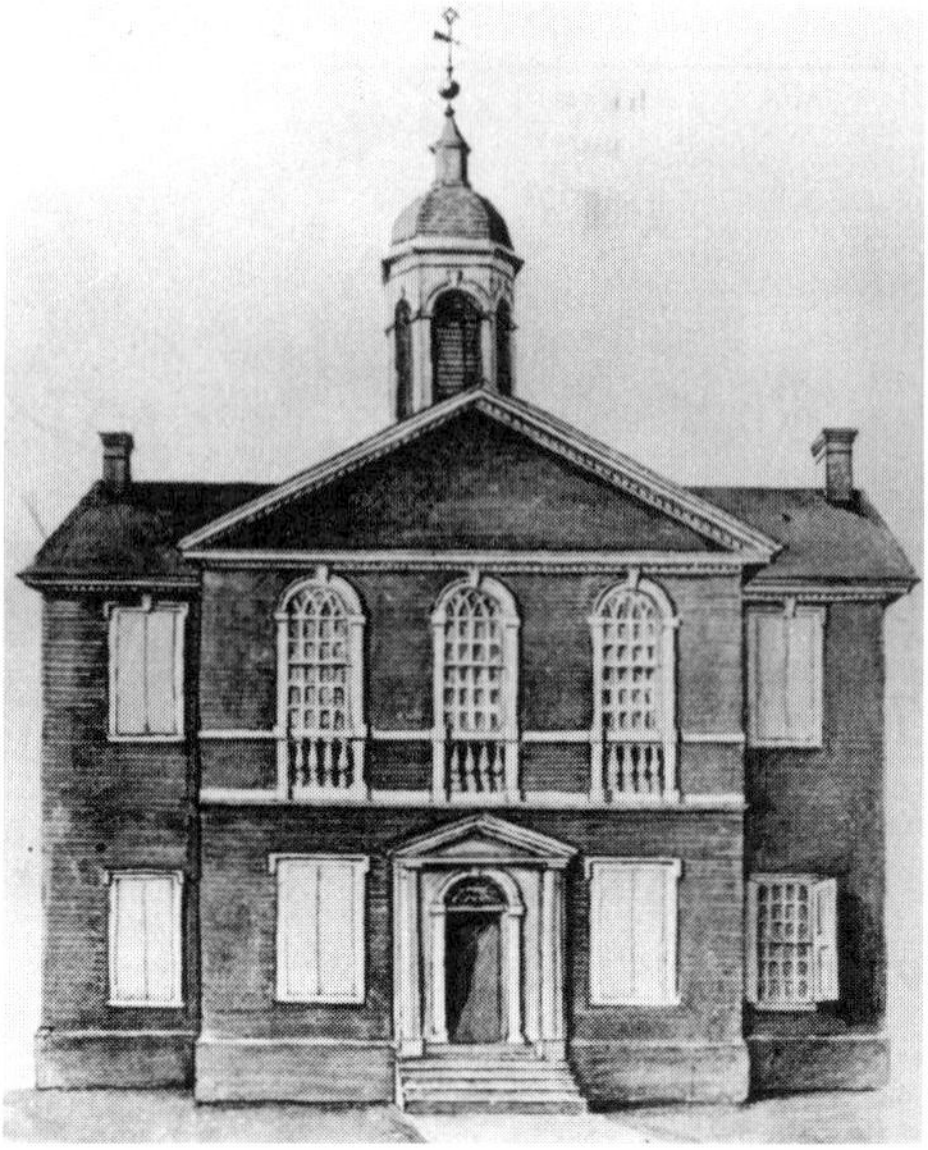

カーペンターズ-ホール　ここで第一回大陸会議が開かれた。

が増大した。確かにブームは一時的現象にとどまったが、ともかく、アメリカ側が予想したような経済的動揺は本国に起こらなかった。わずかに七五年、リヴァプールで船員の一揆があった程度にすぎない。新市場を開拓した本国の商工業者は政府に協力し、政府が反抗的アメリカ人を抑えつけるのは正しいという態度をとった。かつての印紙条例やタウンゼント条例と違って、強圧的諸条例が存続した背景はここにある。

このように、ギャロウェイの見通しは正しかった。だがしかし九月二七日、大陸会議は少数派の反対意見を押し切って、対本国通商断絶同盟の結成を決議した。ギャロウェイ敗北の第一歩である。

彼の決定的敗北は、翌二八日からの事態のなかに生じた。当日、彼は自負心あふれる演説を行い、続いて、数年来構想中のプランを提出した。その演説とは、紛争に対処する最高権力の必要を指摘し、植民地の権利を起源にまでさかのぼって説き起こし、本国との連合が不可欠なことを強調したものであった。

ついで構想プランを提出するに当たり、ギャロウェイはつぎのようにいった。イギリス製品の不輸入によってボストン救助は緩慢《かんまん》となるだろうし、イギリスへの不輸出も「消化不良の提案」にすぎない。全面的不輸出という措置では、アメリカ人は生存することができない。ペンシルヴェニアに例をとっても、何万人かが慈善を請わなければならなくなるだろう。漁業はすたれ、船員は飢え、船大工は仕事を失い、農業も打撃を受けるだろう。そうなれば、「別個の闘争」（社会闘争）が生じるのは必至だが、恐るべきはそれが「ごく最近に」起こるということなのだ、と。

老年のギャロウェイ
アメリカ国会図書館所蔵

さらに構想プランを説明するに当たって、ギャロウェイは、アメリカが「破滅する最大の危険」にあったフレンチ-インディアン戦争当時に言及した。彼は続ける――マサチューセッツ議会とオルバニー会議とは事態の急を表明し、一三植民地の不統一という点に世間の注意を喚起した。「物資徴発の要求がなされた。多くの植民地はすこぶる広範かつ自由に供出したが、何も出さないか、または供出の時期が遅れた植民地もあった。ペンシルヴェニアは、それ以上に時期が遅れた。これは、(ペンシルヴェニア議会に)熱意や忠誠心が欠けていたからではなく、(内なる)領主派と事を構えていた事情による。こうした怠慢(という贈物)が本国に手渡され、それが印紙条例への機会となった。」もちろん、アメリカはイギリス国会の完全な支配下にあるべきではなく、自主的な地域である。しかしアメリカは、本国の援助と保護とを必要とする。保護と忠節とは相互的義務である。アメリカは名誉と良心という原則に立って、イギリスの金と保護とを要求し得るものなのか、それとも本国から離れることを望み得るのか? いや、アメリカはイギリスと手を結ばなければならない、と。

ギャロウェイはさらに続ける。アメリカ植民地は相互に自主・独立ではあるが、一三植民地すべてが認めた点はイギリス国会の持つ通商規制権であった。それは、イギリスが帝国間の貿易と一三植民地とを保護してきたからにほかならない。植民地側がこのことを宣言文として表明しないのは、現下の「イギリス国会と内閣とが不正で腐敗しているからであり、宣言文を利用してわれわれに課税し、さらにわれわれにより以上の権力を及ぼす……口実にするだろうからである。」事態がそこまで進んではならない。だとすれば、「帝国の貿易が、(イギリス国会ばかりではない)なんらかの権力によって規制されるべき必要があるのではないか。こうした権力なくして、帝国は維持できるのか。(こうした権力が必要だとして)誰がそれを規制するのか? ノヴァースコシアやジョージアの議会なのか、マサチューセッツないしはヴァジニアなのか、ペンシルヴェニアないしはニューーヨークなのか？　そのようなことは想像もされ得ない。われわれの立法権は、われわれの政府の枠《わく》を越えることはないからである。では、それをどこに置くべきなのか？　アメリカ議会《アメリカン・レジスレイテユア》を開設するか、または、われわれが権限をイギリス国会ないし国王に与えるかする必要があるのだ。」

ギャロウェイの英米議会設置案については、後に述べる。まず、この案が一七七四年九月二八日の大陸会議の席上では、今後なお検討という条件で多くの賛成票を得た点に注意したい。ニューーヨーク代表のジェームズ＝デュエインやジョン＝ジェイは本案を暖かく迎えたし、サウス－カロナイナ代表エドワード＝ラットリッジにいたっては、「完全な計画」として称賛したほどであった。

だがしかしギャロウェイの帝国連合案は、以後二度と正式に論議されることはなかったのである。それどころか、本案に関係した論議はことごとく大陸会議の議事録から抹殺されてしまった。その理由を、後年ギャロウェイはつぎのように回想している。「本案が選挙区民に受け入れられて、独立への方策をくつがえすという恐怖が、ボストン人やヴァジニア人をして、本案にかかわるすべての事柄を破棄させたのである。」これは彼の強弁であろう。正確な理由はわからないとしても、ことの本質は、対英急進派が会議の主導権を握っていたという事実に帰せられるのである。

❖帝国連合案

ギャロウェイの敗北を決定づけた事態の動きには、いくつかのエピソードが加わっている。第一には、会期の終わりごろ、ヴァジニア代表（多分パトリック＝ヘンリー）が議論を吹っかけ、ギャロウェイがこれに応じた時、解散時の雑踏にまぎれて適切な討論が行われなかったということ、第二には、議事録からの抹殺はずっと以前に決められていたということであり、そして第三には、ディキンソンとの経緯が話題になったのであった。ギャロウェイがディキンソンを大陸会議代表に選ばなかったということは、明らかに、各地の代表たちの反感を買った。彼らはディキンソン指名のために運動した。こうして代表となったディキンソンは、政治力を発揮してギャロウェイ案の却下に一役演じたというのであり、この風説には信憑《しんぴょう》性がある。

では、ギャロウェイの帝国連合案とはどういうものであったのか。

英米間の連合という考えは、なにも一七七四年に始まるのではない。植民地連合に関するフランクリンのオルバニー案が植民地および本国各政府によって否決された五四年以来、この問題には相当な関心が寄せられ、印紙条例紛争がさらに植民地連合ないし英米連合の論議を復活させた。七〇年ごろのフィラデルフィアでは、新大陸のイギリス植民地とアイルランドとの代表を比例代表的に本国国会へ送り込むというプランが、話題を呼んでいる。なおこのプランでは、新大陸での各イギリス植民地の相対的重要性が、つぎのように規定されていた。すなわちマサチューセッツ、ペンシルヴェニア、ヴァジニア、サウス-カロライナ、ジャマイカはそれぞれ四名の代表を持ち、ニュー-ヨークとメリーランド、それにカナダは各三名、コネティカットとニュー-ジャージーは各二名、ニュー-ハンプシャー、ノヴァ-スコシア、ロード-アイランド、デラウェア、ジョージア、ノース-カロライナ、ウェスト-フロリダ、イースト-フロリダは各一名という割当であった。

ギャロウェイの連合案は、イギリス国会の下部組織となり、かつそのなかに編入された、連合総督《プレジデント・ジェネラル》（一名）と大会議《グランド・カウンシル》とからなる英米議会を通じて、本国と一三植民地とを結びつけるねらいを持っていた。

英米議会は「アメリカの全般的問題の処理」に当たる。ただし当議会のもとにあって、各植民地はその現存の「政治機構と、いかなる場合にも内政を統制・管理する権限」とを保有する。

連合総督は国王によって任命され、国王の意に従って在任する。法を実施し大会議を召集するのが、その任務。大会議のいっさいの法律には、彼の同意が必要である。さらに連合総督は、「大会議の助言と同意とにもとづいて……植民地のいっさいの治安および事件を統制・管理するに必要な、あらゆる立法上の権利、権限、権威を保有し行使する。」

大会議は、三年ごと各植民地議会から選ばれた代表よりなる。選出は比例代表制を採る。第一回会合は連合総督の召集によるものとし、以後は、当該会議の意志ないし連合総督の召集による。会合は年一回、そして必要とあれば数回。当該会議は議長を選び、「イギリス国会の下院と同じような権利、自由、特権を保有し行使するものとする」。なお、大会議は連合総督と立法権を分有し、「上記の全般的目的をもってイギリス国会に統合・編入され、その下部的かつ明確な支部」となる。

各法律は、イギリス国会ないし大会議において「発案・作成され整理される」が、効力を持つには両組織の同意が必要。ただし、「戦時中には、大会議の作成になる、王権への支援を認めたいっさいの法案は、連合総督の承認を得れば有効であり、イギリス国会の同意がなくても法律となり得る」。

以上、要点を指摘したギャロウェイの帝国連合案は、きわめて簡潔に書かれている。しかし、彼がいかに細心かつ真剣に案を練ったかは、反対意見の大陸会議代表たちですら即座に反論できず、懸案に付した点からも理解されよう。同時代の同じようなプランと比べてそれが簡潔なのは、将来完成案を出すうえの前段階、と彼が考えていたからにほかならない。

❖王党派の信念

さて、第一回大陸会議で帝国連合案を抹殺された後、七五年三月初めにギャロウェイは、本案を内容の一部とするパンフレット、『イギリス‐植民地相互の要求の率直な吟味』を公刊した。このパンフレットによってギャロウェイ案の何たるかを知った言論界の反応は、直ちに現れた。一つの意見は、本案が五四年のオルバニー案の引き写しにすぎないとして、これを非難した。他の意見は、オルバニー案の大幅改善として、これを擁護した。両案の相違を強調した『ペンシルヴェニア‐ガゼット』紙の社説（七五年四月二六日）は、以下のとおりである。

オルバニー案の規定はアメリカ植民地だけの連合であったが、ギャロウェイ案はアメリカ植民地とイギリスとの連合を規定した。

前者はイギリス国会と無関係な一個の下部議会を規定したが、後者はまさに正反対であった。

前者は制定諸法律を国王の拒否権に従属せしめたが、後者はこれをイギリス国会の拒否権に従属させた。

前者はアメリカの権利を未回復のままにしておいたが、後者はこれを回復させた。

こうした賛否両論の応酬のなかで、ギャロウェイは、自己の帝国連合案の正しさを固く信じていた。大陸会議で採択されなかったとはいえ、それがいつか日の目を見るだろうという希望を、彼は捨てなかった。一七七九年、亡命中のギャロウェイはイギリス国会の戦争調査委員会に同案を持ち出し、いまもなお両国間の紛争を解決する道だと述べたし、その後も、帝国連合への関心を持ち続けた。そして英米間に講和条約が成立した後も、彼は、残されたイギリス植民地のための帝国連合案を準備していた。このことは、王権の優越性が植民地行政には必要だという彼の信念を示すものとして、興味深い。なお、残されたイギリス植民地と本国との連合を画策したプランでは、連合総督は各植民地総督に対してほとんど絶対ともいうべき権限を与えられたし、文官・武官を問わず、すべての官吏、大学の学長と学生、それに法律家は、イギリス国会の法律に従う誓いをするよう要求されている。「宗教的立場からはっきり共和主義をめざす紳士たちが第一番に信頼されるのを防ぐべく、どの大学および大学外の公立学問研究所でも、よく注意が払われなければならない。」ギャロウェイの政治原理を、これほど特徴的に示す言葉はほかに見当たらない。それでは、王党派としての彼の行く手はどのように茨《いばら》の道であったのだろうか。

❖侮辱と脅迫のなかで

第一回大陸会議の閉会後、二か月ばかり、ギャロウェイはニューーヨークやロングーアイランド各地を旅行して、ペンシルヴェニア議会には出席しなかった。そしてこの間に、ディキンソンを指導者とする当議会は、大陸会議の「宣言と決議」を批准した。「宣言と決議」が、植民地に対するイギリス国会の立法権を否定し、対本国通商断絶同盟の結成を宣言した文書であったことは、よく知られていよう。この批准を非としたギャロウェイは、議会の休会中、一七七五年初めのまる一か月、例のパンフレット『率直な吟味』の著作に専念したのであった。

彼の全著作のなかで最もよく知られているこのパンフレットは、植民地に対するイギリス国会の権威がいかなるものであり、またいかに必要であるかについての、明快な解説であった。『率直な吟味』は大陸会議の決議を手きびしく批判し、今後自分はこのような会議を相手にしない、という激しい口調で書かれていた。反撃はたちまち起こり、ギャロウェイもまた『回答』で応酬した。これらすべての行為が、七五年二月に開会のペンシルヴェニア議会で、彼にきつくはね返ってくるのである。反対派の筆頭がディキンソンであったことは、いうまでもない。

当時(七五年三月下旬)、ペンシルヴェニア議会での模様を、ギャロウェイは親友のニュージャージー総督ウィリアム=フランクリン(フランクリンの息子)に、つぎのように書き送っている。

私は一人で助けもなく、私が非難する方策を承認した一団の人々の間に立ち、彼らの行為をとがめ、冷静で公正な理性と議論とによって、彼らにその誤りを悟らせようとしました。反対は私が予期したように、猛烈で無作法でした。私は気持を平静に、しっかりと保っていましたが、これが少なからず助けとなりました。

同じころ、ギャロウェイがこの親友に送った別の手紙には、つぎのようなものがある。

以前お知らせしたように、市（フィラデルフィア）滞在中、私は侮辱を受けました。第一日目の、二回にわたる討論のすぐ後のこと——夜遅く、私あての釘づけの箱が一つ、宿舎に置かれていました。翌朝、なかを開けてみますと、脅迫状と一緒に綱がはいっていました〔注〕。

私はその書状を読んで、箱に釘を打ち、誰にもいうまいと決心して、注意深く箱を自家用馬車のなかに入れました。そのわけは、これを送った人が長く秘密にはしておけないだろうと思ったからですし、こうすることによって、どんな人がやったかを知りたかったからです。それ（脅迫的行為）は、どのようなことがあっても無法なやり方には反対だ、という以前からの私の決意を固めさせる結果しかもたらさなかったのです。

注　その箱にはまた、寿命六日間の生命保険証書がはいっており、「首をくくれ、さもなくばわれわれが貴様にそうする」と書かれていた——一七八三年イギリス政府によって設置された王党派損害賠償要求調査委員会での、ギャロウェイの証言による。

亡命王党派を受け入れるというイギリスの絵画　独立戦争末期

七五年二月以降、ペンシルヴェニア議会で四面楚歌ともいうべき苦境に立たされたギャロウェイは、第二回大陸会議代表に選ばれることを断念し、議会もまた、これを了とする決議を行った。五月一二日のこの決議こそ、単にペンシルヴェニアだけでなく全植民地的規模の政治家、ギャロウェイの退場を告げる出来事であった。

こうして七五年の夏から翌年末にかけて、ギャロウェイはフィラデルフィア郊外トレヴォースの家に閉じ籠り、激しさの度を加える侮辱と暴力行為とに耐えていた。先輩フランクリンが彼を転身させようと努めたのは、この時期であった。だが、時はいたずらに流れた。七六年一二月、ニューヨーク市を占領したハウ将軍指揮下のイギリス軍がニュージャージーを経由して、ペンシルヴェニアにはいるという知らせが届いた際、彼はイギリス軍と行動を共にする覚悟を決めたのである。

ギャロウェイにとって、トレヴォースで過ごした一年半の残り半分は、まるで囚人のようであった。群集はしきりにやって来て、彼を私刑にすると脅迫した。友人たちのはからいでやっと危難をまぬがれる、というありさまであった。時には脅《おど》しだけでなく、酒に酔った群集が彼を実際縛り首にしようと計画したこともあった。酒屋の主人が急を知らせ、ギャロウェイは命からがら難を逃れたのである。後年、彼の証言によれば、その時以来、彼は家で安眠できなくなったという。脅迫的群集のなかに、一〇年まえ彼のやり方に業をにやした西部農民がいたことを、指摘しておこう。

❖亡命者としての意地

こうした状況のなかで、そして彼逮捕の命令が下された時に、ハウ軍接近の知らせが届いたのである。急遽《きゅうきょ》、ギャロウェイは貴重品を荷馬車に運び、他の著名な王党派数名と共に家を後にして、ニュージャージー内、ニューブランズウィックに駐屯中のイギリス軍に投じた。フィラデルフィアの一新聞は、彼の逃亡をつぎのように嘲《あざけ》っている。

ギャロウェイは逃亡して、腐ったハウについた。
そのいやらしさを証明し、ぺこぺこと頭を下げて。

祖国と祖国の法とへの裏切り者
専制者とその呪われた言い分への友
不幸な奴よ！

イギリス軍に投じたギャロウェイはハウ将軍の厚遇を受け、軍事顧問として作戦に参与するかたわら、アメリカが屈服した場合を想像して、帝国連合案になお思いをめぐらしていた。ワシントン軍のトレントン奇襲後、イギリス軍がニューヨーク市に引き返していた一七七七年三月の下旬、友人にあてた手紙に、彼はこう書いている。「私はまだニューヨークにいて、わが同胞を迷いから覚ますという大事業をゆだねられた人々に奉仕するため、頑張っているのです。……そして私には、私の情報提供が無益でもなければ受け入れられ難くもない、と信じ得る理由があるのです。」

七七年六月、イギリス軍がフィラデルフィアに遠征した際も、ギャロウェイはハウと行動を共にした。そしてフィラデルフィア占領後、彼は警視総監および港湾取締り総監に任命され、事実上のフィラデルフィア市長として市政の処理に当たった。彼がペンシルヴェニアの事情に詳しかったということが、ハウ軍の行動に種々の便宜を与えている。しかも、ギャロウェイ自身大佐に任命されて、軽騎兵隊を募集し訓練し、これを指揮して実戦に臨んだこともあった。

七八年六月、ハウに代わるクリントン将軍がフィラデルフィア撤退の準備をした時、ギャロウェイはイギリス軍と別れ、財産管理のため妻を後に残して、娘と共にニューヨーク市に向かった。彼がフィラデルフィアを去ったのは、一つには、イギリス軍が撤退しようとするいま、身の危険を感じたからであったが、根本的には、イギリスに行って、政府にもっと大規模で活発な軍事行動を進言するためであった。イギリスの優越という前提のもとでなければ、イギリスとアメリカとの真の和解は成り立たないというのが、彼の信念だったからである。イギリス王権に全幅の信頼を置いた、真の王党派の生き方がよく出ているといえよう。

とはいうもののギャロウェイは、イギリス軍の無気力と不当な気位には腹の虫がおさまらなかった。ヴァレー-フォージに野営中のワシントン軍を一掃できなかったのは無気力の証拠だ、と彼には思われたし、イギリス軍が王党派を無視したり、時には冷遇したことが、彼を憤慨させた。戦いは勝たねばならぬ――七八年一〇月、彼はニュー-ヨークを出港して、イギリスに向かったのであった。

ロンドンに着いたギャロウェイは、すぐハッチンソンと面識になった。しかし、ハッチンソンが夜も昼もアメリカへ帰ることばかり考えていたのとは違って、彼には旺盛《おうせい》な精神力があった。得意のパンフレットで、彼はイギリス政府および国民に訴えた。反乱に賛成なのは人口の五分の一以下だから、王党派に適当な保護と救助とを与えれば、アメリカ人の大多数は勇気づけられ、公然とイギリス政府を支持するだろう。アメリカが降伏し、これと和解してこそ、イギリスは世界に冠たる国になるのだ、と。独立戦争が終わっても、彼は自分の帝国連合案を捨てなかった。いや、連合案はその後の研鑽《けんさん》によって、さらに体系化されていったのである。

独立戦争が終わった後、ギャロウェイは、講和条約のなかに王党派関係の条項を入れるよう、文筆活動を続けた。そして彼自身、イギリスにおける亡命王党派の代理人として活動した。死後、娘が書いた手紙には、つぎのような数行がある。「長い一生を通じて、父ジョーゼフ＝ギャロウェイほど他人《ひと》のために物事を解決してやった人、また報酬なしでこれほど多くの助言をしてやった人は、ごくまれです。この朝、二〇年間にわたる亡命生活を送った部屋は、多くの人であふれていました。この場に居合わせたアメリカ人で、父の援助を受けなかったという人はいませんでした。」

晩年のギャロウェイは、政治問題から宗教問題に関心を移した。しかし、パンフレット作者としての精力は死ぬまで衰えなかった。一八〇三年、彼はイングランド南東部のワットフォードで、七二歳の生涯を終えた。ボストン郊外でサミュエル＝アダムズが死ぬ、一か月ほどまえのことである。彼はとおり一遍の独立反対論者ではなかった。彼には英帝国の将来についての夢があり、後半生のほとんどすべてをその夢にかけた。帝国連合案が妥当であったかなかったかは別として、彼もまた一個の信念の政治家だったのである。

一七七八年以来、夫や一人娘と生き別れになっていたギャロウェイ夫人は、愛国派と自称する連中のあらゆる迫害に耐えて、フィラデルフィアに踏みとどまっていた。売国奴という侮辱を受けたことは数知らず、暴力をもって家から引きずり出され、恥辱を加えられたこともあった。だが、彼女は夫の正しさを疑わなかった。夫の名誉挽回のために彼女が払った努力は、並みたいていではない。二人はあの時以来、二度と相まみえることなく、ギャロウェイ夫人は独立戦争の講和を見ないうちに世を去った。歴史が大きく旋回する時、このような悲劇はいつの時代にもつきものなのである〔注〕。

注　ギャロウェイ夫人が夫の利益や名誉挽回のために払った悲しい努力については、アン＝ウォーダー女史の日記（『ペンシルヴェニア歴史・伝記雑誌』第一八巻所収）が参考になる。

エピローグ――独立とは何であったのか？

❖二つのフロント

ワシントン、サミュエル＝アダムズ、ディキンソン、ハッチンソンそしてギャロウェイが、アメリカ革命というドラマのなかでどのような人間模様を織りなしたか、彼らの願望や失望、信念や疑惑、喜びや悲しみがどういうものであったかは、以上のとおりである。残されたエピローグでは、彼ら個人を愛国派・王党派という一般の横糸に織り合わせて、両派の構成や闘争の結着に目を向け、ひいてアメリカ革命の世界史的意義に触れたいと思う。

愛国派・王党派についての一般的通念はつぎのようである――一七七五年のアメリカ白人人口二〇〇万（プラス五〇万の黒人）のうち、三分の一は独立に反対し、三分の一は中立ないし無関心な態度を取り、残り三分の一が独立を支持した、と。おそらくこうした通念は、人口の三分の一が王党派に属したという、ジョン＝アダムズの後年における回想にもとづいたものであろう。ちなみにアダムズは戦争中、ニューイングランドとヴァジニアで愛国派が圧倒的に多かった反面、ニューヨークとペンシルヴェニアでは愛国・王党の両派がほぼ半ばする、と指摘したことがあるが、彼の三等区分法に従う限り、愛国派、中立ないし無関心なグループ、王党派は白人人口でそれぞれ七〇万程度、ということになる。

だが今日での推量によれば、一三植民地中、王党派が人口の半ばに達したのはニューヨークただ一つであり、南部では人口の四分の一ないし三分の一、ニューイングランドにいたっては一〇分の一足らずと考えられる。アダムズの見解にもかかわらず、愛国派はおそらく一〇〇万人、つまり白人人口の半数というのが妥当な線であろう。

さらにまた、心情的王党派と中立ないし無関心なグループとの境界線がいちじるしく不分明だということも、アダムズへの疑問として提起されよう。けだし、両者の間には転向の実例が数多く見られるからである。それにしても、王党派が中立ないし無関心なグループより数が少なかったということは、まず間違いない。おそらく五万の王党派がイギリス正規兵に味方して戦い、約八万人が亡命したと概算される。

それでは、愛国派と王党派の構成はどのようであったのか。何よりもまず指摘しなければならないのは、経済的、社会的、宗教的、そして国籍といった要因のどの一つも、色分けの十分な決め手にはならないということである。

なるほど、最も安定した商人や法律家は王党派になる傾向があった。しかし、愛国派にもこれらに匹敵できるような富裕商人や成功した法律家がいたのである。顕著な場合を取り上げよう。フレンチ-インディアン戦争中には、合法・不法を問わず、新興成金の商人層が大幅に現れた。新興密輸成金は、航海条例を督令しようとするイギリスの権威など物ともしない連中であったはずなのに、彼らのなかには社会的安定を求めて総督政府に接近し、ついに王党派に味方する者もあった。

ニュー-ヨークとヴァジニアには、大地主が多くいた。そしてニュー-ヨークが王党派の中心地であったのに、ヴァジニアは愛国派の中心地となった。

植民地鉄工業や羊毛工業への規制でイギリスに反対すべき理由があった鉄工業者および羊毛品生産者も、二つの陣営に分かれて戦った。

半世紀以上にわたる植民地通貨引き締め政策で、債務者たちも十分イギリスに反対すべき理由があった。だが、債務ということは社会階層の問題ばかりとはいえなかった。南部のプランター、植民地全体を通じて都市の実業家、土地を抵当に入れた農民、借金しなければ暮らしができない貧困者一般にかかわった事柄であり、したがって、債務者のなかにも王党派は多かった。

社会階層や職業上から見た王党派の複合性は、つぎの一、二の例によっても確証される。

一七七八年、マサチューセッツで王党派への追放令が可決された時、彼ら三〇〇名中、三分の一は商人、専門職、「ジェントリ」、三分の一は農民、残り三分の一は小商人、労働者・職人から成り立っていた。またニューヨークでは、七六年六月、ワシントン暗殺計画の嫌疑《けんぎ》で逮捕された者のなかに、市長一人、官吏、「ジェントリ」、農民、徒弟、労働者、酒場経営者が各数名、医者、なめし皮業者、鉄砲鍛冶《かじ》職が各二名、靴屋、銀細工職、馬具屋、ろうそく販売業者、製粉業者、学校教師、元学校教師、元警吏、「片腕の年金受領者」、「にくむべき奴」としてのみ記された男、各一名がいた。

その他、宗教的要因も色分けの決め手にはならなかった。カルヴィニズムは、なるほど反英運動の大きな力ではあった。だがカロライナ辺境地帯の長老派は、自己自身の安定を求めて国王に兵力を提供した。

国籍ということも、基本的な決め手になっていない。イギリス系移民の最も少ない中部植民地が、実は王党派の中心地であった。

❖本国への依存度の相違

こういうわけで、愛国派と王党派の区別を何か一つのメルクマールで画一的に決定することは至難である。それはむしろ不可能でさえある。しかしこの不可能を認めたうえで、あらまし

の基本線を設けることは不可能ではない。以下、王党派の分析を軸として、若干のアプローチを行ってみよう。〔注〕

注　近年、研究成果がいちじるしい王党派の研究発達史については、バーナード＝ベイリン著『トマス＝ハッチンソンの試練』（ハーヴァード大学出版局、一九七四年出版）所収の「付録」参照。

経済的要因は地理的条件と結びつく時、ある程度の有効性を持つ。王党派勢力の中心部は二つあり、一つは移住者の少ない西部辺境地域、いま一つは中部植民地の沿岸地帯であった。これに反して、人口密度の比較的高い農民移住地域――南部のプランテーション諸郡、ピードモント地方、そしてニュー＝イングランドの大半――では、王党派は少なかった。王党派勢力地域に共通していたのは、人口の多い隣接農民移住地域から政治的・経済的圧力を受けるか、またはその圧力を感じていたという点にある。王党派が勢力を持ったのは、いわば末端の地域、つまりすでに力が衰えたか、またはまだ重要性を持たない地域においてであった。ここに、イギリスを拠り所とする姿勢がおのずから出てくる。

西部辺境での王党派的立場を説明するのは困難ではない。猟師や毛皮行商人などアパラチア山脈近辺の開拓者たちは、自己の生計を破壊するだろう近接農民移住地の前進を恐れていた。同じ地域のインディアンと同様、彼らはイギリスに忠誠心を抱いた。本国政府こそ、農民移住地の急速な前進を阻止する唯一の拠り所だったからである。他方、中部植民地の潮水線地帯も、比較的人口の多い内陸農業地域から政治的圧力を受けていた。そのうえ、この地域は大西洋社会の一環を構成し、東方に目を向けていた。イギリスとの結びつきは、西部内陸との結びつきよりも緊密だったのである。

地域を大西洋沿岸地域に限定すれば、ただ中部植民地だけでなくニュー＝イングランドでも、独立運動には熱意がなかったといえよう。ニュー＝ポートがそうであったし、ナンタケット島やマーサス＝ヴァインヤード島も日和見的ないし中立であったし、メイン沿岸の住民にいたっては、事態の進展につれて王党派的立場を一層強化している。

セント＝ローレンス川一帯も、独立には無関心ないし敵対的であった。そのように、新しく開拓され人口が少ない地域で、かつ海に面した所では、独立精神は最低であった。ケベック、ノヴァ＝スコシア、南はジョージアにおいて、そしてまた、大西洋社会がハドソン川によって西部山脈地帯と結ばれたニュー＝ヨークにおいてである。船員、漁民、猟師、行商人などが農民やプランターの数を上回った所では、王党派勢力は愛国派勢力をしのいだのであった。

もちろん、以上の経済的・地理的分析の主要な欠陥は、独立戦争に作用する文化的要因を取り上げていない点にある。だがこうした分析によっても、王党派が共通して持っていたのはイギリスとの結びつき、あるいは少数派的立場からするイギリスへの依存心であったことが理解されよう。いい換えれば、愛国派はイギリスからの分離によってなんらかの機会を伸ばすことができる人々であり、王党派はイギリスとの結合でその機会を得るか、または得ようとした人々であった。

❖王党派の構成

したがって、王党派の中核にはまず、総督と官吏およびその追従者たちが挙げられる。総督ハッチンソンの場合はこの典例を示すが、さらに参議会は立法、行政、司法の三機能を兼ねて植民地ジェントリ支配の代表的機関であり、王党派の居城となった。事実、参議員の少なくとも二分の一ないし三分の二は王党派であった。たとえばニュージャージーでは、参議員一二名のうち五名が熱烈な王党派、二名が用心深い王党派であり、一名は老齢で引退した。しかも残り四名の愛国派のうち、一名は戦闘が愛国派の有利に傾いた途端に王党派に走った。彼は心の底では、もともと王党派だったのである。またヴァジニアでは、参議員一二名のうち一一名までが王党派、残り一名は中立であった。王党派の数がどこよりも少ないマサチューセッツでも、一七七六年イギリス軍と共にボストンを撤退した一一〇〇名の王党派中、一〇二名は参議員および官吏群から成っていた。

王党派の第二番手は、イギリス国教会の聖職者およびその追従者から構成された。国教会の聖職者はほとんどが直接イギリスの出身者であり、ごく少数がアメリカ生まれであったが、どちらの場合でもイギリスに学び、本国の利益を守ることを誓わなければ聖職にはつけなかった。王党派的立場とイギリス国教会との結びつきは当然といえよう。

王党派の第三番手としては、イギリスと最も密接な関係を持ち、ある場合にはその代理人となった大商業資本家に指を屈しよう。ニューーヨーク市大商人のなかにこうした連中がいたのは、この地が北部と南部とを結ぶ地点としてイギリスに重要視され、したがってイギリス軍の根拠地にされたため、本国との経済関係が軍事的・政治的色彩を帯びていたことによる。それゆえにまた、ニューーヨーク市商人のなかには王党派が多かった。ただ経済的機能ばかりでなく、彼ら自身が参議員や財務官および法務長官など、植民地政府の要職についていたということも、合わせて考える必要がある。

王党派の第四、第五、第六番手には、中部大地主の大半とタバコ植民地海岸地方のプランター、鉄工業や羊毛工業などに従事した大親方の一部、および最も安定した専門職の人々がいた。彼らのなかにも大商人と同様、政府の要職を占める者が多かった。仮に官吏ではなかったとしても、その恐怖心なり野心なりによって王党派に走る人々が、先の大商人やこのグループのなかにはあった。ギャロウェイの場合に見られたとおりである。

王党派中核についての以上の区分けから、政治的特権にあずからない、すなわち植民地官僚制を構成しない大商人、大地主、製造工業の親方、南部タバコ-プランター、専門職――なかでも若くて有能な弁護士や編集者たち――を指導者とした愛国派との相対的な違いが認められよう。愛国・王党両派の勢力や構成に関する正確な分析は、植民地各個の研究が進展しつつある今日、いずれは実現されるべき事柄であろうと思われる。

❖戦争の代価

それでは、独立戦争は二つのフロントにどのような犠牲を強いたのか。これをまず勝者の側、つまり、愛国派兵士数とその戦死者という点から検討してみよう。

一七九〇年、合衆国陸軍長官の報告によれば、独立戦争中にアメリカ大陸軍兵士および邦民兵として登録された者は三九万六〇〇〇人であった。しかしこの数字は、実際同じ数だけの者が兵役についたことを意味しない。けだし、相当数の者が二度ないし三度、時にはそれ以上の回数で応募したからである。第二次世界大戦後、アメリカ国防省が行った独立戦争従軍者の調

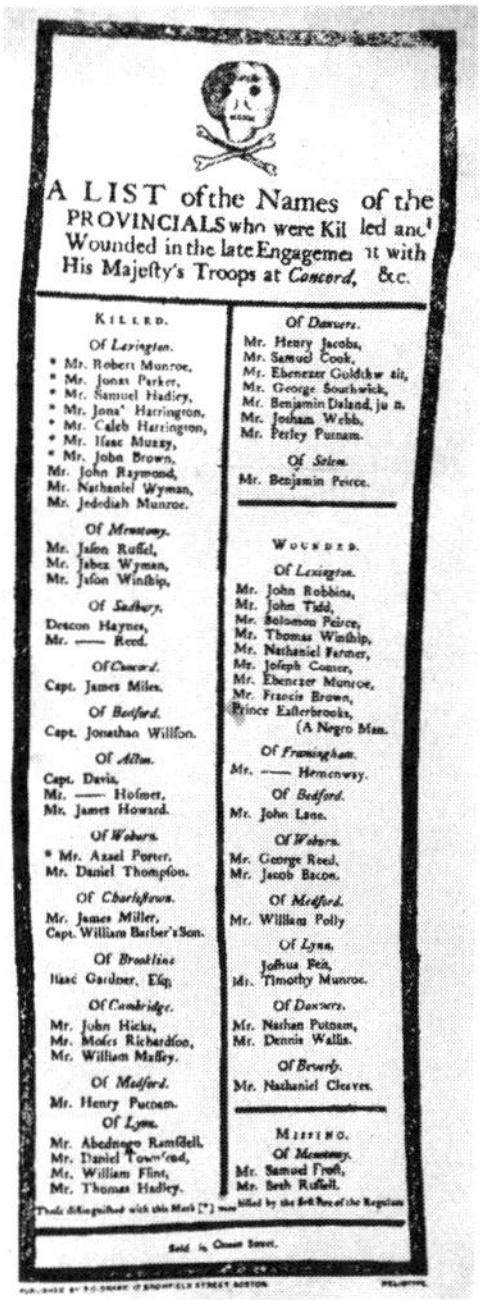

A LIST of the Names of the PROVINCIALS who were Killed and Wounded in the late Engagement with His Majesty's Troops at *Concord*, &c.

KILLED.

Of *Lexington.*
* Mr. Robert Munroe,
* Mr. Jonas Parker,
* Mr. Samuel Hadley,
* Mr. Jona^t Harrington,
* Mr. Caleb Harrington,
* Mr. Isaac Muzzy,
* Mr. John Brown,
Mr. John Raymond,
Mr. Nathaniel Wyman,
Mr. Jedediah Munroe.

Of *Menotomy.*
Mr. Jason Russel,
Mr. Jabez Wyman,
Mr. Jason Winship,

Of *Sudbury.*
Deacon Haynes,
Mr. —— Reed.

Of *Concord.*
Capt. James Miles.

Of *Bedford.*
Capt. Jonathan Willson.

Of *Acton.*
Capt. Davis,
Mr. —— Hosmer,
Mr. James Howard.

Of *Woburn.*
* Mr. Azael Porter,
Mr. Daniel Thompson.

Of *Charlestown.*
Mr. James Miller,
Capt. William Barber's Son.

Of *Brookline*
Isaac Gardner, Esq;

Of *Cambridge.*
Mr. John Hicks,
Mr. Moses Richardson,
Mr. William Massey.

Of *Medford.*
Mr. Henry Putnam.

Of *Lynn.*
Mr. Abednego Ramsdell,
Mr. Daniel Townsend,
Mr. William Flint,
Mr. Thomas Hadley.

Of *Danvers.*
Mr. Henry Jacobs,
Mr. Samuel Cook,
Mr. Ebenezer Goldthwait,
Mr. George Southwick,
Mr. Benjamin Daland, jun.
Mr. Jotham Webb,
Mr. Perley Putnam.

Of *Salem.*
Mr. Benjamin Peirce.

WOUNDED.

Of *Lexington.*
Mr. John Robbins,
Mr. John Tidd,
Mr. Solomon Peirce,
Mr. Thomas Winship,
Mr. Nathaniel Farmer,
Mr. Joseph Comee,
Mr. Ebenezer Munroe,
Mr. Francis Brown,
Prince Easterbrooks,
(A Negro Man.

Of *Framingham.*
Mr. —— Hemenway.

Of *Bedford.*
Mr. John Lane.

Of *Woburn.*
Mr. George Reed,
Mr. Jacob Bacon.

Of *Medford.*
Mr. William Polly

Of *Lynn.*
Joshua Felt,
Mr. Timothy Munroe.

Of *Danvers.*
Mr. Nathan Putnam,
Mr. Dennis Wallis.

Of *Beverly.*
Mr. Nathaniel Cleaves.

MISSING.

Of *Menotomy.*
Mr. Samuel Frost,
Mr. Seth Russell.

Those distinguished with this Mark [*] were killed by the first Fire of the Regulars.

Sold in Queen Street.

コンコードの戦いでのアメリカ側死傷者名簿

べでは、建国当時の概算を大幅に下回って、一八万四〇〇〇人から二五万人までとなっている（ホウワード＝H＝ペッカム著『独立戦争――一つの軍事史』シカゴ大学出版局、一九五八年出版、参照）。

しかも、この国防省の調べ自体が過大評価なのである。一八世紀七、八〇年代の時点では、軍務適齢者の数ですら二〇万から二五万を越えるというようなことは、まずあり得なかったであろう。そして事実、戦時中のどの時期を取っても、三万人以上が兵役についていた事例は見られないのである。おそらく動員可能数の半ば以下、つまり約一〇万人が実際兵役につき、そのうちの相当数が一度ならず兵役に復帰した者であった、と思われる。

つぎに、戦争犠牲者を割り出してみる。国防省保管の記録から算定され、一般に受け入れられている戦死者総数は四四三五人である。果たして、この程度の犠牲で済んだのだろうか。

七六年七月、ゲイツ将軍の報告では、戦死者と脱走兵とを合わせてカナダ遠征軍の人的損失は五〇〇〇人に及び、しかも軍隊内には三〇〇〇人の病身者がいた、とある。脱走兵が過半数を占めたと仮定しても、一〇〇〇ないし二〇〇〇の兵士が七六年七月の、ただ一つの戦闘で死んだことは間違いない。この一点だけでも、一般に受け入れられている戦死者総数の誤算が推測されよう。

ワシントンの副官が書いた、七八年三月一日から八三年六月一日までの手記によれば、この間の戦死者は四〇八〇人であった。負傷や病気がもとで死んだ者も含まれているとはいえ、四〇八〇人の戦死者とは、ワシントン直接統率下の軍隊についてだけの場合である。一か月に換算すれば、戦死者は平均六五人となる。この数字を、戦争前半の四〇か月に当てはめてみよう。とすると、七五年四月から七八年三月までに二六〇〇人の戦死者が出たことになり、先の四〇八〇人に加算して、ワシントン軍だけの犠牲者で六六八〇人にふくれ上がる。

しかも以上の数字には、ゲイツ、ベンジャミン＝リンカン、ナサナエル＝グリーン各将軍指揮下の軍隊がこうむった犠牲者、少なくも三三〇〇人を加える必要がある。要するにアメリカ独立戦争では、愛国派兵士のなかに一万から一万二〇〇〇の犠牲者が出たのであった。約一〇万人が実際兵役につき、うち相当数が一度ならず兵役に復帰した者という動員事情からすれば、犠牲者は非常な高率であったといわなければならない。

こうした高価な犠牲を払いながらも、ともあれ愛国派は勝者となることができた。では、敗者側はどうなのか。愛国派が行った最大の報復――財産没収――に焦点を合わせて、王党派の犠牲を考えてみよう。

独立戦争の勃発から二年半の後（七七年一一月）、大陸会議は王党派の財産没収とその売却を諸邦に斡旋《あっせん》した。戦争が正式に終わる一年まえの一七八二年までに、一三邦はことごとくこれに従った。ニュー－ハンプシャー議会は、二一八名の著名な王党派の財産を没収した。ペンシルヴェニア議会は四九〇名の有名王党派のブラック-リストを作り、同じような措置を取った。彼らの大半はイギリス軍がフィラデルフィアを撤退した時（七八年六月）、これに従って亡命した人々であった。また、ニュー-ヨーク議会は五九名の王党派の財産を没収した。戦争がすんでから、有力王党派五〇〇〇人が失った財産の償いをイギリス政府に要求している。価額は一〇〇〇万ポンド以上——中流の家庭が年四〇ポンドで暮らしてゆけた事情を考えれば、王党派の損失がいかに大きかったかがわかろう。

これら王党派の被没収地のなかで著名なものには、ウィリアム＝ペパレルが三〇マイルにわたって所有していたメイン沿岸の土地、フィリップス家がニュー-ヨークに持っていた三〇〇平方マイルの土地（数十万ドル）、同じくドランシー家の財産（六七万四〇〇〇ドル）、四五万ドルに値するジョージアのライト家の土地、五万エーカーにのぼるヴァジニアのジョン＝ジョンソンの土地などがあった。ニュー-ヨークだけでも、八二年までに硬貨に見積って二五〇万ドルの土地が没収された。

もちろん、王党派による損害の実際総額はわからない。しかしイギリス政府が償いとして与えた三三〇万ポンド、つまり八二〇〇万フランという額から、フランス革命の場合との比較もいちおうは可能である。フランスでは、ブルボン家の王政復古から一〇年経過した一八二五年、大革命の亡命者およびその子孫が得た償いは一〇億フラン、つまりアメリカ独立戦争の場合の一二倍以上であった。確かに、フランス革命の場合にはアメリカ独立戦争と違って、教会財産そのほかの公共財産が大々的に没収されている。しかし個人の財産を基準とする時、独立戦争での王党派の打撃はフランス革命での反革命派の打撃にまさるとも劣らなかったのである。

❖亡命者のその後

こうした打撃のなかで、国外に亡命した王党派の数は八万人にのぼった。ニューーヨークだけで三万五〇〇〇から四万、邦人口との割合から見てずば抜けており、ペンシルヴェニアでも、亡命者はこの地のアメリカ大陸軍の数を上回った。愛国派が中部諸邦を「敵地」と呼んだのも、理由のないことではない。フランス革命の時には、被追放者二万五〇〇〇人を含めて一二万九〇〇〇人が亡命した。当時フランスの人口は二五〇〇万、アメリカの場合は二五〇万であった。したがって、アメリカ独立戦争の時には人口一〇〇〇人につき三〇人の亡命者があり、フランス革命の時には人口一〇〇〇人につき五人の亡命者だということになる。

以上の比較は、もちろん数量のうえの操作にすぎない。真の王党派亡命者と表面上の王党派亡命者との区別は、こういう数量的操作では出てこない。そのうえアメリカ人亡命者の場合には、英領北アメリカの他の領地に移住し、英語国民として同じ旗の下に生活するという有利さがあった。亡命者の割合は実際には比較できないものである。しかし、アメリカ独立戦争が大きな変動であったということは、王党派の財産没収や亡命者の数などからして、よくわかるように思われるのである。

このような国外亡命者約八万のうち、バハマ諸島やイギリス本国に逃れた者はそれぞれ数千人、大部分はカナダに安住の地を見いだそうとした。いうまでもなく、戦後引き返した人々のことも無視してはならない。たとえばニュー＝ヨーク市は、王党派の亡命によって一七八三年八月の人口は一万一〇〇〇人であったが——独立戦争の勃発当時、二万五〇〇〇の人口であったことを思え——、八六年八月には二万四〇〇〇と、ほぼ旧に復している。人口増加は、自然の増加や新しい移民だけが原因だったのではないのである。そのように、亡命者の一人ピーター＝ヴァン＝シャークは市民権を取り戻し、ニュー＝ヨーク法曹界に復帰して名士であり続けたし、リチャード＝ハリソンは合衆国憲法を批准した同地協議会の一員となった。ニュー＝ヨーク銀行の会計主任ウィリアム＝シートンも、もとは亡命者であった。独立戦争後、ニュー＝ヨーク政界の指導者六〇人のうち一一人は、旧亡命者を含めてかつての王党派であり、うち七人までが合衆国憲法の批准を積極的に主張している。ニュー＝ヨークの実例は程度の差こそあれ、他の諸邦にも当てはめられる。コネティカットの亡命王党派は終戦まえから復帰を歓迎されていたが、現にニュー＝ヘイヴン市会は講和条約成立後半年もたたないうちに、亡命者の復帰・復職を大々的に宣伝している。国外亡命の過大評価は慎まなければならない。

それにもかかわらず、多数の王党派の脱出がカナダでのイギリス勢力の確立に役立ったこともまた、否定できない。亡命者が大挙引き返したフランス革命の場合と違って、カナダに逃れたアメリカ王党派の圧倒的多数は、二度と故郷の土を踏まなかったのである。

王党派のカナダ移住は、ほぼ二つのパターンに分けられる。一つは、ニューヨーク市をはじめ東部海港諸都市からカナダ沿海諸領地への移住であり、亡命者は主として都市居住者から成っていた。このなかには相当数の教育ある人々が含まれており、彼らの一覧表に目を通すことはハーヴァード大学同窓会の名簿を見るようであった、とさえいわれる。新しく教会をつくり、民事・海事裁判所を設けるなど、彼らは新移住地での政治および文化の進展に大きな指導力を発揮している。

いま一つのパターンは、今日のオンタリオに当たる上カナダへの、主としてニューヨーク内陸居住者たちの移住であり、新天地において、彼らは多年手慣れた開拓農民の生活を続けた。アメリカ–カナダ境界線南方からオンタリオへの移住は、相当な数をもって一八一二年戦争の時まで続き、カナダ西部開拓の礎石となっている。一七九一年のイギリス法で、ケベックが上カナダと下カナダとに分けられ、どちらにも代議政治が認められるようになったのは、一つには、新たに移住・開拓されたオンタリオへの行政的配慮から出たものなのである。

もっとも、これら二つの地方の議会は純粋な代議機関でなく、徴税と地方的立法とに関してのみ権限を持っており、総督と参議会とは代議会に対して責任を負わなかった。こういう不十分な自治のゆえに、カナダ住民はより完全な自治を求めて、一八三七年には反乱を起こすこととなる。だがしかし、一七九一年のイギリス法は本来新しい植民地支配原理、すなわち「本国のイギリス臣民と同様、できる限りイギリス統治体制の天恵に浴する」という原則から出発したものであった。いうなれば、イギリスはアメリカ独立戦争での敗者になることにより、多年にわたるカナダ支配への基礎をつくったのであり、同時に、カナダ自治への第一歩もここに踏み出されたのである。

❖新しい政治体制

それでは、英帝国との絶縁によって、アメリカにはどのような政治的変化が生じたのであろうか。

第一に、これまでイギリスは総督、参議員、判事をはじめ植民地諸官吏を任免する権限を持ち、植民地の立法を拒否し、植民地最高裁判所から申し出があった事件を審査し、また植民地に武力行使を行う権限を持っていたが、これらすべての監督権が独立によって排除された。

第二に、独立戦争中の一七七七年一一月に決議され、八一年に効力を発した「連合規約」下の中央政府は、諸邦や諸邦人民の上に立つ権限を持たず、したがって各邦には自主的な統治が可能となった。いうなれば、投票者の多数決による統治が各邦で可能となったのである。

第三に、民選議会がどの邦でも最高権威となり、なかでも下院が事実上の支配的部門となった。もちろん上院の機能は下院の牽制にあったが、植民地時代の参議会に比べれば、それははるかに小さい権限しか持てなかった。

第四に、知事《ガヴァナー》の地位もいちじるしく変化した。かつて王領植民地の総督《ガヴァナー》は、絶対的拒否権を含めて、少なくも理論上は広い権限を持っていた。ところが新しい邦憲法のもとに、旧総督の権限は大幅に削減された。

第五に、最高裁判所のあり方も目立って変化した。もともと最高裁判所は単に司法的機関であるばかりでなく、立法部の上院および総督の諮問機関という立法的・行政的機能を持ち、総督と結んで立法部の行動に干渉する傾きが強かった。いまや邦憲法のもとで、最高裁判所判事は立法部によって選ばれるか、または民選官吏たる知事によって任命されることとなった。

以上数え上げてきた諸変化は、一口にいって何を意味したのか。各邦内の投票者の過半数が真に協力しさえすれば、知事や裁判所をわずらわすことなく、また邦外部の権力に訴える必要もなくして自由な行動が取れる、ということを意味したのである。

さらに第六には、選挙権の獲得および公職につく場合の財産資格制限を廃止する方向へと、新しいスタートが切られた。二つの邦が男子普通選挙制を採用し、ニュー-ジャージーでは一時婦人参政権が認められた。独立戦争によってもたらされた政治改革の基調こそ、きびしい制限選挙を固守したイギリス的方式への断固たる挑戦、ということができる。植民地時代の制限選挙は成年白人男子の大部分が選挙権を持ち得たほど民主的であったという指摘（ロバート＝E＝ブラウンによる有名な指摘）も重要には違いないが、制限選挙そのものの打破に一歩を踏み出したという点で、独立戦争の意義は高く評価されなければならない。

第七には、若干の邦が比例代表制の実施へと向かった。

第八に、権力の濫用を防ぐため、官職交代制が考案された。なかんずく、各邦の連合会議代表に対し、「六年の任期中、三年より長く代表としてあることはできない」旨を規定した「連合規約」の条項ほど徹底した事例は、当時の他の世界に見当たらないのである。

以上が、政治の領域に現れた独立戦争の成果であった。これらの成果がたとえどのように割り引いて評価されようと、一八世紀後半という時点ではいちじるしく民主主義的であったということに、疑問の余地はない。事実、ジョン＝アダムズがいったように、アメリカの独立は世界史上画期的な出来事であった。ヨーロッパ大陸諸国に絶対主義体制がまだ強い地盤を持っていた当時、利害関係の複雑多様な一三植民地が「人間としての権利」をかかげて独立運動を起こし、日本の三倍もあるあの広大な地域に、成文憲法を盾として連邦共和国を打ち建てたことは、まさしく世界史的な事柄であった。すなわち、君主の世界での共和国の建設、単一国家の世界での連邦国家の建設、命令と慣習とによって支配された世界での、成文憲法にもとづく中央政府および地方政府の建設、それまで理論上の問題でしかなかった被治者の同意による政府の建設など、当時としてはきわめて大胆な事業の達成だったのである。

❖旧社会制度の廃棄

それでは、アメリカ独立の社会的成果はどうであったか。最初に指摘しなければならないのは、領主制や大地主制が存在した植民地と自由土地保有が圧倒的な植民地とで、旧社会制度の温存状態には差異があったということである。それにもかかわらず、一三植民地を全体としてとらえれば、植民地時代のうちに旧社会的要素が着々と排除されていった基本的傾向は見逃せない。別のいい方をすれば、一部の植民地を除いて独立戦争のまえと後とでは、余り目立った変化が見られなかったのである。

そのように、植民地時代史の一貫した方向は領主制の衰退であった。領主制は一六五四～五七年と六〇年にメリーランド、七九年にニュー-ハンプシャー、八五年にニュー-ヨーク、八九～一七一五年に三たびメリーランド、一六九一年にメイン、九三～九四年にペンシルヴェニア、一七〇二年にニュー-ジャージー、一九年にサウス-カロライナ、二九年にノース-カロライナ、五一年にジョージアからそれぞれ姿を消した。七六年、デラウェアと再びペンシルヴェニア、および四たびメリーランドでの領主制の消滅は、不断の衰退過程のターミナルであった。

領主制と同様、帝国統治の建て前からすべての土地保有者に課せられていた免役地代についても、反対闘争が間断なく続けられてきた。その結果、ニュー-イングランドでは、すでに一七世紀末から実際上の徴収は行われていない。独立戦争のころまでそれが円滑に徴収されていたのは、メリーランドただ一つにすぎない。

植民地大地主制の二大城塞だと考えられてきた長子相続制や限嗣《げんし》相続制も、実際にはそれほど重要な意義を持たないことが、近年では考証されている。財産所有者が遺言なしで死亡した場合にだけ、長子相続制が適用された。ところが実際には、大部分のプランターが細心に遺言書を作り、財産をすべての息子に、時には娘にも分配した。ヴァジニアがこのとおりであった以上、ニュー-イングランドは推して知るべしである。それゆえ、やや誇張はあるが、ある学者はつぎのようにいう——遺産相続という点でも、アメリカ独立は「旧世界アリストクラシーの法的痕跡《こんせき》を取り除いたにすぎない」と。

同じことは、特権教会の実質的解体についてもいえる。ニュー-ヨークの一部や南部植民地で公立教会となっていたイギリス国教会は、司教職を持たない事情とも相まって、本国の国教会のような教権組織をまぬがれ、民主的な性格を強めることができた。ましてや、住民の絶対多数が公立教会としての組合教会に属し、他の宗派の信者にも公立教会税の免除をはじめ、広範な信仰の自由が与えられていたニューイングランドでは、比較的早くから政治と宗教との分離傾向が見られる。

こうして、いわゆる「社会運動として考えられたアメリカ革命」は、植民地時代からの社会運動の連続的発展という一面があり、地域によっては、また旧社会制度の内容によっては、既成事実の再確認にすぎない場合があった。すなわち、現実であるよりも象徴的だという場合があった。このような社会的連続性こそ、種々の植民地的・旧社会的制約を課せられながら、すでに市民社会化を進行させていた一三植民地の自然のあり方といわなければならない。

だがしかし、以上の説明でもって、旧社会制度の廃棄という問題は片づくわけではない。肝心な点は、既成の、あるいは進行過程の社会的事象が、植民地独立によって新しく見直されたという自己確認にある。確かに、長子相続制や限嗣相続制に関連した法律は、植民地時代を通じて無視される場合が多かった。しかし、そういう法律が存在したということ自体が、絶対的でありあくまで個人本位でなければならない、植民地での土地保有の観念に支障となったのである。

同様のことは領主制についてもいえる。領主の特権、なかんずく税金免除という法的特権は、その植民地の経済・社会を決定するほど実質的な意義を持つものではなかった。しかし、こうした領主的特権があるということだけで、ヨーロッパよりはるかに水平的な新世界社会にとっては、それが障害だと感じられたのである。ニューヨークの一部と南部植民地に不安定に設立されていたイギリス国教会も、同じような発想で議論の対象となった。アメリカのイギリス国教会がイギリスの場合よりいかに民主的であったとしても、公立教会として法的保障を持つ限りは、植民地ですでに正統となりつつあった世俗的社会観にとっては、許し難い制度といわなければならなかった。メリーランドそのほか一部の植民地を除いては実質的意義を失っていた免役地代でさえ、徴収権が法的に認められている限りは、イギリス支配から完全に脱却した自主的社会を想定することは無理であった。植民地独立は、以上の旧社会制度を法的に排除したのである。

こうして、アメリカ独立がもたらした社会的変化は見た目に小さくても、実質的には重要な意義を持つものであった。植民地独立は、植民地時代をつらぬく社会的諸力の一大結集として達成された。そしていくつかの分野で、すでに達成されたか、ないしは達成されつつある植民地的・旧社会的規制の廃棄作用を事後承諾したにすぎない場合があったとしても、このような自己確認こそ、新しいアメリカがスタートしたことの印《しるし》だったのである。

❖奴隷制への挑戦

アメリカの独立はまた、タバコ生産から綿花生産への端境期《はざかいき》という一八世紀末の経済事情と

シンシナティ　西部開拓民への物資供給地として栄えた河港

もからんで、黒人奴隷制にある程度の衝撃を与えた。この動きもまた戦前にさかのぼる。すなわち、奴隷貿易廃止運動はすでに一八世紀初めから起こっていたが、一七七四年一〇月、大陸会議が奴隷輸入禁止協定を結んで以来、いくつかの植民地が同様な方向へと前進した。同年のロード-アイランド議会は、今後もたらされる奴隷はすべて自由民である旨の法律を制定している。奴隷制の即時ないし漸次的廃止運動も、戦前から比較的活発であった。そして七五年四月には、フィラデルフィアでアメリカ最初の奴隷制反対協会が組織され、まもなく同種類の協会がいくつか出現した。

こうした前史を持ちつつ、戦時中から戦後にかけて奴隷制への挑戦は続けられた。奴隷貿易は、ジョージアとサウス-カロライナとを除いて八九年までに禁止され（ただし、ノース-カロライナでは九〇年に復活）、奴隷制も若干の邦（州）で漸次的ないし即時的に廃止された。

漸次廃止はまず一七八〇年のペンシルヴェニアで、八四年にはコネティカットとロード・アイランドで、九九年にはニュー・ヨークで、そして一八〇四年にはニュー・ジャージーで、それぞれ決定された。さらに即時廃止は、一七八〇年のマサチューセッツと八四年のニュー・ハンプシャーで決定された。このマサチューセッツこそ、九〇年の合衆国第一回国勢調査で、住民中に奴隷が登録されていなかった唯一の州なのである。しかも、奴隷制が厳存した南部諸邦（州）でさえ、奴隷解放の成果は若干上がっている。ヴァジニアでは、一七八二年後の八年間に一万人以上の奴隷が解放された。独立一三州を通じて、奴隷は九〇年に六八万以上を数えたが、当時すでに六万の自由黒人が存在していたのである。

それにもかかわらず、奴隷制反対をうたったジェファソンの独立宣言書の原案が、大陸会議で修正されなければならなかったという点に、アメリカ独立運動の不十分さを指摘することができる。原案の一部分は、奴隷主である南部の代表たちや、奴隷貿易業者であるニュー・イングランド代表たちの要求で、削除されてしまった。その結果、南部諸邦（州）での奴隷制廃止運動は一時的な現象にとどまったのである。しかしながら他方、独立戦争を通じて北部に自由州が成立したということは、重要な意義を持つものであった。南北戦争での奴隷解放や今日の人権運動は、ここに活性剤を与えられたといえるのではなかろうか（ロバート＝ニスベット「アメリカ革命の社会的影響」『ダイアローグ』第八巻、一号、一九七五年所収）。そして、ここに活性剤を与えられたということは、独立によるアレガニ山脈以西の開放があって、初めて可能だったのである。

イギリスによる植民地規制の一環として、アレガニ以西への移住と土地投機とを禁止した一七六三年の「国王の布告《ロイヤル・プロクラメイション》」や、七四年のケベック条例は、なるほど予想されたほどには厳格に実施されなかった。にもかかわらず、それらが大西部への進出に障害となったのは明らかであった。講和条約で西はミシシッピー川までが手にはいることによって、大西部は開拓農民や土地投機業者に開放された——初めはケンタッキーとテネシーとが、ついでオハイオ以北の北西部と、テネシー以南の南西部とが。独立戦争後数年のうちに、アレガニを越えて大西部に進出した開拓農民の数は、二五万人にのぼったという。自営農民の大幅な創出という状況は、やがて一九世紀初めに到来する工業化の波と相まって、植民地時代から回転を始めていた市民社会への歯車をフルに回転させる要因になったといえよう。

論を戻して、アメリカ黒人奴隷解放運動史上、問題点はまさにこの大西部の開放および膨脹にある。そしてこの点で、一七八七年が持った意義は大きい。この年は、三権分立に則って、今日まで基本的構造を生かし続けている合衆国成文憲法が制定された画期的な年であったが、一八七年は同時にまた、北西部条例《ノースウエスト・オーディナンス》の制定で大西部への発展が基礎づけられた画期的な年でもあった。

フィラデルフィアでの憲法制定会議は、まれに見る有能な人々の集まりだという点で歴史上に名高い。しかし、最も有能な人々によって制定されたはずの合衆国憲法が、東部に対する西部の平等をうたい込もうとはしなかったのである。憲法が規定した点は、今後西部につくられるであろう新しい邦は連邦に組み入れられる、といった程度のことにすぎない。

　これに反し、ジェファソンのプランにもとづいて作成された北西部条例の性格を見よ。この条例によれば、将来北西部領地に三ないし五の邦が設けられた場合、各邦のおのおのが六万の自由な住民を持つようになれば、「あらゆる点で最初の一三邦と同等の資格において」連合会議に代表を送ることができる、と規定されている。西部は東部の属領ではないという平等の原則が、ここに打ち出されているのである。しかもこのように主体的であるべき西部は、自由な人民の、つまりは奴隷制がない共和主義の社会でなければならなかった。確かに大西部への発展の歴史は、一面で国際競争の歴史であり、反面インディアン収奪の歴史であった。この事実は決して無視されてはならない。しかし、少なくも北西部、すなわちオハイオ川北方、ペンシルヴェニア西方、ミシシッピー川東方の地域では、奴隷制はもはや許され難くなったということも、無視されてはならないのである。

❖英帝国各地への影響

アメリカ独立の意義は、アメリカ内部にだけかかわる事柄ではなかった。一三植民地は英帝国から分離することによって、英帝国の再建に重大な関係を持ち、さらに以後半世紀にわたるラテン-アメリカおよびカナダの政治的蜂起――「アメリカ半球の革命」と呼ぶ人もいる――にかかわり合い、ヨーロッパに対してもフランス革命への刺激剤として、一九世紀の多彩な自由主義運動の端緒となっている。

まず英帝国のなかのアイルランドでは、一三植民地の反英運動に刺激され、かつこれを刺激しつつ、活発な自立運動が展開された。その結果、一七八二年にアイルランドは立法権の独立をかち取り、自治への第一歩を踏み出した。この地のある急進派がいったように、「アメリカの戦争はアイルランドの収穫だった」わけである。

英領東インドでも、軌を一にして旧植民制度への反抗運動が起こった。一三植民地の独立戦争が一七七五年に始まって八三年に終わったように、インド改革のための闘争も七五～八四年に行われ、八四年にはインド法案を本国から勝ち取った。東インド会社の全組織を本国政府の支配にゆだねるという、このインド法によって、イギリス重商主義の一代表機関である東インド会社は、一八五八年の解散に先立つ七〇年以上もまえに、事実上有名無実になり始めていた。

法案の立役者、小ピットが、アダム＝スミスの弟子であった点からして、何が起ころうとしていたかということが、つまり、重商主義に挑戦する新しい体制が胎動し始めたということが、察知できるであろう。

英領の西インドと西アフリカとでは、奴隷貿易と奴隷制に注目すべき変化が起こりかけていた。一つにはアメリカ北部での奴隷制の廃止と、基本的には産業革命による自由放任主義の台頭とが作用して、一七八七年に奴隷貿易廃止委員会が本国につくられ、九二年には下院が奴隷貿易の廃止を決議し、奴隷制の廃止も公けの論議の対象となった。この九二年の決議は、フランス革命および革命戦争という非常事態で実施を妨げられたが、ついで一八〇七年、イギリス国会は奴隷貿易を公式に違法とし、三四年には英帝国のなかの奴隷を解放した。

一七六三年まで「新しいフランス」と呼ばれ、同じ大陸にあるというほかには「新しいイギリス《ニュー・イングランド》」となんの共通点もなかったカナダでも、アメリカ独立の影響を受けて注目すべき変化が生じた。このことは、まえに述べたとおりである。

英本国自体にも変化が起こった。独立戦争末期に成立したロッキンガム内閣が、まず政治改革へと踏み切ったが、ついで一七八三年から二〇年間政権を執った小ピットのもとで、議院内閣制が確立され、現代イギリスの政治機構ができ上がった。

これらアメリカ独立後の英帝国の諸地方を見渡した時、そこになんらかの変化、再建ないし再調整へのなんらかの試みがあったことを発見できる。そのような試みは、戦争が終わってから数年のうちに行われたものである。したがって、われわれはつぎのような問いを発してもよいであろう。第一次英帝国の解体に当たっては、ただアメリカの独立だけがあったのか、それとも帝国的変革といわれるようなものがあったのか、と。解答はつぎのとおりである――重商主義が生みかつ育てた動物は、ほとんどすべての肢体が衰えかけていた。衰弱へと向かうけいれんは、まず一三植民地に起こった。そしてこの場合、病気は患部の切断しか処置しようがなかった。だが、切断という大手術はイギリスの政治家に帝国再建への方策を深く考えさせ、患部切断のない回復の必要と可能性とを検討させたのである、と。

❖高まる「神聖な行為」

アメリカの独立はまた、メキシコからアルゼンチンに至るスペイン大陸植民地全体と、ポルトガル領ブラジルおよびフランス領ハイチでの民族解放運動のきっかけとなった。半世紀間に起こった新大陸での、かくもスケールの大きい解放運動を、それまでの世界は経験したことがあるだろうか。

ラテン-アメリカの独立運動に影響を与えたのは、ジェファソンやペインの独立思想であり、フランス啓蒙思想家たちの著作であった。ラテン-アメリカの人々は一つには指導者たちの北アメリカ訪問や、また通商上の接触をとおして、独立思想を学ぶようになった。こうしてアメリカ独立宣言書は、どの読書サークルでもよく読まれていたのである。一三植民地と違って封建制が根強く残っていたラテン-アメリカの人々にとって、人民主権をうたった独立宣言書はいかに魅力的であったことか。

それればかりではない。アメリカ独立運動がじかにラテン-アメリカ解放運動へと作用した事例をさえ、われわれは見いだすことができる。けだし、独立戦争は一面において黒人奴隷の自己解放運動であったが、この運動がフランス領ハイチでの黒人共和国建設の原動力となったのである。一七七九年サヴァンナでの戦闘に当たり、米仏連合軍は一一〇〇名以上を失って手痛い打撃を受けたが、この時フランス軍に所属していた約七〇〇名のハイチ黒人部隊は、イギリス軍に攻撃されながらも、連合軍の秩序ある退却に寄与したばかりでなく、戦後彼らは独立運動の種子を郷土に持ち帰り、やがて到来したフランス革命戦争の際、本国フランスからの独立運動に指導的役割を果たした。ハイチ解放運動を指導した黒人の大半は、かつてサヴァンナの戦いの時、黒人部隊にあって活躍した人々であった。

最後に、フランス大革命への影響にも触れる必要がある。フランス革命の原因が、一つには、アメリカ独立戦争への参加による国家財政の破綻にあったことはよく知られている。同様に、アメリカ独立という出来事が大革命を刺激したことも、よく知られた事実である。確かに、フランス革命での人権宣言書にうたわれた思想は、独立宣言書の思想から学び取られたものではない。イギリスからの分離の弁明は、フランス人に直接関係のないイギリス政府の特定の行為に対する非難であったし、また独立宣言書が前文でうたった点は、一八世紀の常識としてフランスでも普及していた政治哲学だったからである。では、アメリカ独立の影響はどういう点にあるのか。それは、フランス人にとっても自明な思想がまず新大陸で行為に移されたという点であり、それゆえにフランスの思想家や人民に訴えたのである。ジェファソンと同様コンドルセにとっても、独立宣言書の政治哲学はコモン-センスにほかならなかった。したがって、人権宣言書の思想的モデルが独立宣言書であったということはできないにしても、人権を宣言するという行為自体はアメリカから影響を受けたのである。

自由の鐘　18世紀中頃、イギリスから移入。独立宣言書の調印と連邦憲法制定の時に鳴らされた。1839年、奴隷制反対宣伝のため「自由の鐘」と名づけられる。

本書の主要登場人物五人がその明暗を浮き彫りにしたのは、以上のような性格と意義とを持つ出来事をとおしてであった。この出来事を、ジェファソンはつぎのようにいっている。「一七七六年七月四日に燃え上がった炎は、地球上すこぶる多くの地方に行きわたり、か弱い専制主義のエンジンでは消し去ることができない。」そしてそれは、大西洋の向こう岸でのコンドルセの言葉でもあった。「人間の権利が哲学者の書物のなかに書かれたり、有徳な人の心のなかに書かれたりするだけでは十分でない。無学で弱い人民が大国民に則って、それを読むことが必要なのである。アメリカはわれわれにこの実例を与えた。アメリカが独立を宣言した行為は、かくも神聖であり、かくも長い間忘れられていた権利を、簡潔かつ荘重に表明したものである。」

参考文献

アメリカ独立革命についての史料集および研究書はおびただしい数にのぼるが、本書作成とも関連して、以下のものに限定した。なお邦訳書のなかにも、*重要な著作があることに注意されたい。

B. and J. G. Bailyn, eds., Pamphlets of the American Revolution, 1750–1776 (1965～)
E. C. Burnett, ed., Letters of Members of the Continental Congress, 8 vols. (1921～1938)
L. H. Butterfield et al.eds., Diary and Autobiography of John Adams, 4 vols. (1961)
Merrill Jensen, ed., The Tracts of the American Revolution. 1763–1776 (1967)
J. R. Pole, ed., The Revolution in America, 1754–1788: Documents and Commentaries (1970)

C. L. Becker, The Declaration of Independence: A Study in the History of Political Ideas (1922)
H. J. Henderson, Party Politics in the Continental Congress (1974)
Merrill Jensen, The American Revolution within America (1974)
J. T. Main, The Social Structure of Revolutionary America (1965)
Dumas Malone, et. al., The Story of the Declaration of Independence (1954)
Lynn Montross, The Reluctant Rebels: The Story of the Continental Congress, 1774–1789 (1950)
H. H. Peckham, The War for Independence: A Military History (1958)

ワシントンについては
S. K. Padover. ed., The Washington Papers (1955)
C. H. Ambler, George Washington and the West (1936)
D. S. Freeman, George Washington, 7 vols. (1948〜1957)——Richard Harwell による要約版が、一九六八年に出ている。
C. P. Nettels, George Washington and American Independence (1951)

S=アダムスについては
H. A. Cushing, ed., Writings of Samuel Adams, 4 vols. (1904〜1908)
C. L. Alderman, Samuel Adams : Son of Liberty (1961)
R. V. Harlow, Samuel Adams : Promoter of American Revolution (1923)
J. C. Miller, Sam Adams : Pioneer in Propaganda (New ed. 1960)

ディキンソンについては
P. L. Ford, ed., The Political Writings of John Dickinson (New ed. 1970)
D. L. Jacobson, John Dickinson and the Revolution in Pennsylvania, 1764-1776 (1965)
C. J. Stillé, Life and Times of John Dickinson (1891)

ハッチンソンについては

Thomas Hutchinson, The History of the Colony and Province of Massachusetts Bay. 3 vols. (New ed. 1936)

Bernard Bailyn. The Ordeal of Thomas Hutchinson (1974)

C. L. Becker The Eve of the Revolution (1912)

J. K. Hosmer, The Life of Thomas Hutchinson: Royal Governor of the Province of Massachu-setts Bay (1896)

ギャロウェイについては

Joseph Galloway, The Claims of the American Loyalists Reviewed and Maintained upon Incontrovertible Principles of Law and Justice (New ed. 1972)

〃　〃　"Candid Examination of Mutual Claims of Great Britain and Colonies" in The Tracts of the American Revolution edited by Merrill Jensen.

E. H. Baldwin, "Joseph Galloway, The Loyalist Politician" in The Pennsylvania Magazine of History and Biography, Vol. XXV, No. 2, No. 3, No. 4 (1902)

O. C. Kuntzleman, Joseph Galloway：Loyalist (1941)

邦訳書としては、つぎのようなものがある。

アメリカ学会訳編　『原典アメリカ史』第一、第二巻（岩波書店、昭二五）

E・ウィリアムズ　中山毅訳　『資本主義と奴隷制』（理論社、昭四三）
J・F・ジェイムソン　久保芳和訳　『アメリカ革命』（未来社、昭三六）
*M・ジェンセン　武則・高木訳　『アメリカ憲法の制定』（南雲堂、昭五一）
*E・S・モーガン　三崎敬之訳　『合衆国の誕生』（南雲堂、昭五一）
L・ハーツ　有賀・松平訳　『アメリカ自由主義の伝統』（有信堂、昭三八）
*C・A・ビアード　池本幸三訳　『合衆国憲法の経済的解釈』（研究社、昭四九）
D・J・ブースティン　今津・伊東訳　『アメリカ政治の特質』（創元社、昭三九）
L・W・ラバリー　久保芳和訳　『アメリカ保守主義の伝統』（未来社、昭三九）
M・カンリフ　入江通雅訳　『ワシントン』（時事通信社、昭三四）
T・ジェファソン　斉藤真訳　『ジェファソン書簡講演集』（河出書房新社、昭三四）
S・K・パドーヴァー　富田虎男訳　『ジェファソンの民主主義思想』（有信堂、昭三六）
S・K・パドーヴァー　中屋健一訳編　『アメリカ思想を形成した人たち』（有信堂、昭三六）
R・バーリンゲーム　中村保男訳　『フランクリン』（時事通信社、昭三一）
ブラッドフォード他　斉藤真他訳　『アメリカの建国思想』（河出書房新社、昭三八）
B・フランクリン　松本・西川訳　『フランクリン自伝』（岩波書店、昭三二）
B・フランクリン　久保芳和訳　『回想録』（河出書房、昭三四）
トマス・ペイン　小松春雄訳　『常識（コモン・センス）』（岩波書店、昭三〇）

邦書としては、つぎのようなものがある。

今津　晃『アメリカ革命史序説』（法律文化社、昭三五）
〃『アメリカ独立革命』（至誠堂、昭四一）
宇治田富造『重商主義植民地体制論』Ⅰ、Ⅱ（青木書店、昭三六、昭四七）
〃『資本主義成立期の植民地問題』（青木書店、昭三九）
久保芳和『フランクリン研究』（関書院、昭三二）
酒井吉栄『アメリカ憲法成立史研究』（評論社、昭四〇）
高木八尺『米国政治史序説』（評論社復初文庫、昭四六）
武則忠見『アメリカ革命の価値体系の研究』（亜紀書房、昭四七）
種谷春洋『アメリカ人権宣言史論』（有斐閣、昭四六）
戸沢鉄彦『デモクラシーの受難者トマス・ペインの生涯と思想』（政治教育社、昭二三）
富田虎男『ジェファソン——アメリカ独立革命』（誠文堂新光社、昭三六）
藤原守胤『アメリカ建国史論』新版（有斐閣、昭三八）
〃『アメリカ革命史論』（慶応出版社、昭二四）

アメリカ独立の年譜

（Ⓐは S＝アダムズ　Ⓓはディキンソン　Ⓖはギャロウェイ　Ⓗはハッチンソン　Ⓦはワシントン）

西暦	事項	主要登場人物事項
一七一一		9月、Ⓗボストンに生まれる。
二二		9月、Ⓐボストンに生まれる。
三一		Ⓖメリーランドに生まれる。
三二		2月、Ⓦヴァジニアに生まれる。 11月、Ⓓメリーランドに生まれる。
三七		5月、Ⓗマサチューセッツ代議員に当選――公生活のスタート。
四一	この頃、「大覚醒」運動さかんとなる。泡沫条例、植民地に適用される。	Ⓐ「大覚醒」運動に心酔。泡沫条例により、Ⓐ家ら土地銀行業者、打撃を受ける。
四七		Ⓐ秘密政治クラブを結成――政治活動の開始。
四八		Ⓦ測量技師としてスタート。
四九		5月、Ⓗ参議員に当選。
五三		10月、Ⓦ仏軍への総督使者――軍事活動の開始。
五四	4月、フレンチ-インディアン戦争始まる。 6月、オルバニー会議（～7月）。	Ⓗフランクリンと同会議の指導者となる。
五五		4月、Ⓦ英ブラドック軍を救援（～7月）。

一七五六		10月、Ⓖペンシルヴェニア代議員となる。
五七	1月、フレンチ-インディアン戦争に処すべく、フランクリン渡英。	Ⓖフランクリンの渡英により、ペンシルヴェニア議会の中心人物となる。
五八		6月、Ⓗ副総督に任命される。 7月、Ⓦヴァジニア代議員となる。 8月、Ⓐ家、破産。
六〇	9月、英、カナダを獲得。 10月、英ジョージ三世即位。	10月、Ⓓ政界にはいる。 11月、Ⓗマサチューセッツ最高裁判所主席判事に。
六三	2月、フレンチ-インディアン戦争終わる。 10月、植民地西部に対する「国王の布告」。 12月、パクストン一揆起こる（〜六四）。	Ⓖとフランクリン、一揆対策をはかる。この頃から、ⒼとⒹの対立が激化。
六四	4月、砂糖条例と通貨条例可決――ニュー-イングランド、ニュー-ヨーク、ヴァジニアが抗議。	9月、Ⓗマサチューセッツ上下議会合同委員会の長として、砂糖条例反対の英国会あての訴状を作成。
六五	3月、印紙条例と軍隊宿営条例可決。 5月、ヘンリー決議案、ヴァジニア議会で可決される。 8月、「ハッチンソン一揆」――これを手始めに、印紙条例一揆起こる（〜六六年2月）。 10月、印紙条例会議開かれる。	6月、Ⓐを中心に、マサチューセッツ議会が印紙条例会議を提唱。 Ⓗ一揆を機会に態度を硬化。 9月、Ⓐマサチューセッツ代議員となる。 10月、Ⓓ印紙条例会議の決議文を起草。

一七六六	3月、印紙条例撤廃され、宣言条例可決。	〃、Ⓖペンシルヴェニア代議員に再選。 1月、Ⓖ論文「アメリカーヌス」で、本国への反抗的行為を警告。
六七	6月、タウンゼンド諸条例可決（〜7月）。	Ⓦこの頃から、西部土地投機に本腰をいれる。 10月、Ⓐこの頃から、対英不輸入協定運動に奔走。 11月、Ⓓ『農民の書簡』を出す（〜六八）。
六八	2月、タウンゼンド条例に反対して、マサチューセッツ議会が他植民地に回状を送付。 9月、英四個連隊、ボストンに到着。 10月、この頃、対英不輸入協定が大いに進展。	2月、Ⓐ回状を作成。
七〇	3月、「ボストン虐殺」事件。 4月、茶税を除く、タウンゼンド歳入条例撤廃される。 7月、対英不輸入協定の崩壊始まる。	3月、Ⓗ虐殺事件に善処。
七一		3月、Ⓗマサチューセッツ総督となる。
七二	6月、ガスピー号燃える。 11月、ボストン通信委員会の結成。	11月、Ⓐボストン通信委員会の委員長となる。
七三	3月、ヴァジニア議会、植民地をつなぐ通信委員会を提案。 5月、茶条例可決。	4月、Ⓦグレイト-カノア土地計画を始める。

	6月、マサチューセッツ議会、ハッチンソン-オリヴァー書簡を暴露。 12月、「ボストン茶会」事件。	6月、Ⓐは書簡事件の中心人物。Ⓗ書簡事件で心を傷める。 11月、Ⓓ『茶税に関する二つの書簡』で茶条例攻撃。 12月、Ⓐ群集にまじって茶船を襲う。
一七七四	3月、ボストン港閉鎖条例、5月、マサチューセッツ統治条例と同裁判条例、6月、マサチューセッツをはじめ軍隊宿営条例、それぞれ可決（強圧的諸条例）。ケベック条例可決。 9月、第一回大陸会議開かれる（～10月）。「サフォーク決議」を採択（18日）。 10月、決議文を可決（14日）。対英通商断絶同盟を決議（18日）。奴隷輸入禁止を協定（20日）。英国王への請願書に署名（26日）。	5月、Ⓗ総督を解任される。 6月、Ⓗ英に旅立つ。 7月、Ⓗ英国王に拝謁。 9月、Ⓖ帝国連合案を大陸会議に提出（28日）。 10月、Ⓓ英国王への請願書を起草。
七五	3月、ヴァジニア総督ダンモーア、西部土地投機家に無効宣言を出す。 4月、レキシントン-コンコードの戦い。 5月、タイコンデローガの戦い。 〃、第二回大陸会議を開催。 6月、大陸会議、大陸軍創設を可決し、ワシントンを総司令官に任命。	3月、Ⓦダンモーア宣言に怒る。Ⓖ帝国連合案を内容の一部とするパンフレット『率直な吟味』を公刊。 5月、Ⓖペンシルヴェニア議会で、今後大陸会議代表になれないと決定――政治生命断たれる。以後、フィラデルフィア郊外に蟄居（～七六年12月）。 7月、Ⓦケンブリッジで軍の指揮をとる。

	〃、バンカー-ヒルの戦い。 7月、大陸会議、決議文を可決（6日）。大陸会議、英国王への第二の請願書に署名（8日）。	〃、Ⓓジェファソンと共に第二回大陸会議の決議文を起草。 〃、Ⓓ第二の請願書を起草。
一七七六	1月、ペインの『コモン-センス』公刊。 3月、ワシントン軍、ボストンを英軍の支配より解放。 4月、大陸会議、英を除く世界に港を開放。 5月、大陸会議、諸植民地に独立政府の樹立を勧告（10～15日）。 6月、リー、大陸会議で「独立の決議」を提案（7日）。 〃、独立宣言書の最終案提出（28日）。 7月、大陸会議で「独立の決議」を審議（1日）。大陸会議、「独立の決議」を承認。さらに独立宣言書を審議（2日）。英陸海部隊、ニュー-ヨーク湾に到着（2日）。大陸会議、独立宣言書を確認（4日）。 8月、羊皮紙に記された独立宣言書への署名をする（2日）。 〃、ロング-アイランドの戦い。 9月、ワシントン軍、ニュー-ヨーク市放棄。 11月、ワシントン軍、デラウェア川を渡って退却。 12月、ペイン、論文「アメリカの危機」発表。	6月、10日の大陸会議で、Ⓓは独立時期尚早を主張、Ⓐが反論。 〃、Ⓓ連合規約起草委員長となる（12日）。 7月、Ⓓが大演説、ジョン=アダムズが反論（1日）。Ⓓ大陸会議に出席せず（2日）。Ⓓ部隊を率いてエリザベスタウンに向かう（10日）。 11月、亡命中のⒽ、パンフレットで独立宣言書を糾弾。 12月、Ⓖ蟄居生活を捨てて、英軍に投ず。

	〃、ワシントン軍、トレントンを奇襲。	
一七七七	1月、ワシントン軍、プリンストンで勝利。	
	9月、ブランディワイン-クリークの戦い。	9月、Ⓓこの戦いに参加。
	〃、ハウ英軍、フィラデルフィア占領。	〃、英軍のⒼ、事実上のフィラデルフィア市長。
	10月、サラトガで、バーゴイン英軍降伏。	
	11月、大陸会議、連合規約を諸邦に提示。	
	12月、ワシントン軍、ヴァレー-フォージで冬営。	
七八	2月、米仏同盟条約締結（6日）。	
	6月、フランス、参戦。	6月、Ⓖ英軍を離れる。
	〃、ハウに代わるクリントンの英軍、フィラデルフィアを撤退。	
	〃、モンマスの戦い。	10月、Ⓖ渡英。
七九	6月、スペイン、英に宣戦。	
	12月、クリントン英軍、チャールストンに向けてニューヨーク港を去る——戦線、南部に移る。	
八〇	2月、ロシアの武装中立宣言。	
	3月、ペンシルヴェニア、奴隷制の漸次廃止を決定（八四年にはコネティカットとロード-アイランド、九九年にはニュー-ヨーク）。	
	5月、チャールストン陥落。	

	6月、マサチューセッツ、奴隷制の即時廃止を決定（八四年にはニュー-ジャージー）。	6月、Ⓗ異郷に死す。
	7月、ヨーロッパ諸国、武装中立同盟の結成にはいる。	
一七八一	1月、ヴァジニア、西部土地請求権の譲渡を容認。	
	3月、連合規約、諸邦により最終的に承認。	5月、Ⓐマサチューセッツ立法部上院議長となる。
	10月、ヨークタウンで、コーンウォリス英軍降伏。	11月、Ⓓデラウェア行政会議議長となる。
八二	11月、コシューシコ、サウス-カロライナのジェームズ島で英軍を一掃——独立戦争の最後の戦い。	11月、Ⓓペンシルヴェニア行政会議議長となる。
	12月、英軍、チャールストンを放棄。	
八三	9月、講和本条約の調印（3日）。	9月、Ⓖこの頃、亡命王党派代理人として活躍。
八五	5月、連合会議、西部土地売却の条例可決。	5月、Ⓦ新設ポトマック会社の社長となる。
八六	8月、シェーズ反乱（～12月）。	Ⓐ反乱鎮圧に努む。
	9月、アナポリス会議。	
八七	5月、合衆国憲法制定会議（～9月）。	5月、Ⓓ憲法制定会議のデラウェア代表となる。
	7月、北西部条例可決。	Ⓦは同会議の議長となる。
	12月、デラウェアが最初に合衆国憲法を批准（最後の批准は九〇年5月、ロード-アイランド）。	9月、Ⓓ公職を去り、研究生活にはいる。
八九		2月、Ⓦ初代大統領に当選。
九四		1月、Ⓐマサチューセッツ州知事となる。

一七九七		1月、Ⓐ政界から引退。 3月、Ⓦ政界から引退。
九八		7月、Ⓦ再びアメリカ軍総司令官の任を負う。
九九		12月、Ⓦ死去。
一八〇三		8月、Ⓖ異郷に死す。 10月、Ⓐ死去。
〇八		2月、Ⓓ死去。

さくいん

【れ・ろ】

【わ】

新《しん》・人《ひと》と歴史《れきし》　拡大版《かくだいばん》　23

アメリカ独立《どくりつ》の光《ひかり》と翳《かげ》

定価はカバーに表示

2018年 4 月20日　　初　版　第 1 刷発行

著　者　今津《いまづ》　晃《あきら》
発行者　野村　久一郎
印刷所　法規書籍印刷株式会社
発行所　株式会社　**清水書院**
〒102−0072
東京都千代田区飯田橋3−11−6
電話　03−5213−7151㈹
FAX　03−5213−7160
http://www.shimizushoin.co.jp

カバー・本文基本デザイン／ペニーレイン　　DTP／株式会社 新後閑
乱丁・落丁本はお取り替えします。　ISBN978−4−389−44123−4